Jacir de Freitas Faria

As origens apócrifas do cristianismo

Comentário aos evangelhos de Maria Madalena e Tomé

2ª edição, 2004 – revista e ampliada

*A história de Maria,
José e a infância de Jesus nos apócrifos*

Teologias bíblicas 16

COLEÇÃO BÍBLIA EM COMUNIDADE

PRIMEIRA SÉRIE
VISÃO GLOBAL DA BÍBLIA
1. Bíblia, comunicação entre Deus e o povo – Informações gerais
2. Terras bíblicas: encontro de Deus com a humanidade – Terra do povo da Bíblia
3. O povo da Bíblia narra suas origens – Formação do povo
4. As famílias se organizam em busca da sobrevivência – Período tribal
5. O alto preço da prosperidade – Monarquia unida em Israel
6. Em busca de vida, o povo muda a história – Reino de Israel
7. Entre a fé e a fraqueza – Reino de Judá
8. Deus também estava lá – Exílio na Babilônia
9. A comunidade renasce ao redor da Palavra – Período persa
10. Fé bíblica: uma chama brilha no vendaval – Período greco-helenista
11. Sabedoria na resistência – Período romano
12. O eterno entra na história – A terra de Israel no tempo de Jesus
13. A fé nasce e é vivida em comunidade – Comunidades cristãs de Israel
14. Em Jesus, Deus comunica-se com o povo – Comunidades cristãs na diáspora
15. Caminhamos na história de Deus – Comunidades cristãs e sua organização

SEGUNDA SÉRIE (em preparação)
TEOLOGIAS BÍBLICAS
1. Deus ouve o clamor do povo (Teologia do êxodo)
2. Vós sereis o meu povo e eu serei o vosso Deus (Teologia da aliança)
3. Iniciativa de Deus e co-responsabilidade humana (Teologia da graça)
4. Teologia da presença
5. Teologia dos profetas
6. Teologia sacerdotal
7. Teologia sapiencial
8. Teologia feminista
9. Teologia rabínica
10. Teologia paulina
11. Teologia de Marcos e Mateus
12. Lucas e Atos: uma teologia da história (Teologia lucana)
13. Teologia joanina
14. Teologia apocalíptica
15. Teologia espiritual
16. As origens apócrifas do cristianismo: comentário aos evangelhos de Maria Madalena e Tomé

TERCEIRA SÉRIE (em preparação)
PALAVRA: FORMA E SENTIDO – GÊNEROS LITERÁRIOS
1. Introdução aos gêneros literários
2. Gênero narrativo
3. Gênero historiográfico
4. Gênero normativo/legislativo
5. Gênero profético
6. Gênero sapiencial
7. Gênero poético
8. Gênero apocalíptico
9. Gênero evangelho/epístola – ST

QUARTA SÉRIE (em preparação)
RECURSOS PEDAGÓGICOS ORIENTADOS PARA:
Visão global da Bíblia – 1
Teologias bíblicas – 2
Métodos de estudo da Bíblia – 3
Análise de textos – 4
Modelo de ajuda – 5
Atender fisicamente – 5.1
Observar – 5.2
Escutar – 5.3
Responder dialogando – 5.4
Personalizar – 5.5

*À Vicentina, João Begnane, Jacó Claro
que muito me apoiaram nas origens
de meus estudos acadêmicos.*

*Aos meus estudantes de teologia
que geraram comigo estas
páginas apócrifas do cristianismo.*

Dados Internacionais de Catalogação na Publicação (CIP)
(Câmara Brasileira do Livro, SP, Brasil)

Faria, Jacir de Freitas
  As origens apócrifas do cristianismo : comentário aos evangelhos de Maria Madalena e Tomé / Jacir de Freitas Faria. – São Paulo : Paulinas, 2003. – (Coleção Bíblia em comunidade. Série teologias bíblicas ; 16)

  Conteúdo: A história de Maria, José e a infância de Jesus nos apócrifos
  Bibliografia.
  ISBN 85-356-0993-8

  1. Cristianismo – Origem 2. Evangelhos apócrifos I. Título. II. Título: Comentário aos evangelhos de Maria Madalena e Tomé. III. Série.

03-1587   CDD-229.807

Índice para catálogo sistemático:
1. Evangelhos apócrifos : Comentários : Cristianismo 229.807

Citações bíblicas: *Bíblia de Jerusalém*. São Paulo, Paulus, 1990.

Direção-geral: *Flávia Reginatto*
Editora responsável: *Noemi Dariva*
Copidesque: *Cristina Paixão Lopes*
Coordenação de revisão: *Andréia Schweitzer*
Revisão: *Ana Cecilia Mari*
Direção de arte: *Irma Cipriani*
Gerente de produção: *Felício Calegaro Neto*
Capa e editoração eletrônica: *Everson de Paula*

Nenhuma parte desta obra poderá ser reproduzida ou transmitida por qualquer forma e/ou quaisquer meios (eletrônico ou mecânico, incluindo fotocópia e gravação) ou arquivada em qualquer sistema ou banco de dados sem permissão escrita da Editora. Direitos reservados.

SAB – Serviço de Animação Bíblica
Av. Afonso Pena, 2142 – Bairro Funcionários
30130-007 – Belo Horizonte – MG
Tel.: (31) 3269-3737 – Fax: (31) 3269-3729
e-mail: sab@paulinas.org.br

Paulinas
Rua Pedro de Toledo, 164
04039-000 – São Paulo – SP (Brasil)
Tel.: (11) 2125-3549 – Fax: (11) 2125-3548
http://www.paulinas.org.br – editora@paulinas.org.br
Telemarketing e SAC: 0800-7010081

©Pia Sociedade Filhas de São Paulo – São Paulo, 2003

Apresentação

Com este fascículo da segunda série do projeto "Bíblia em Comunidade", "Teologias bíblicas", estamos colocando em suas mãos, caro(a) leitor(a), a possibilidade de aprofundar a teologia apócrifa. Na primeira série, tivemos uma visão global da Bíblia. Vimos as grandes etapas da história do povo de Israel e os escritos que foram surgindo em cada uma dessas etapas. Nesta segunda série, vamos aprofundar as grandes correntes teológicas que perpassam o Primeiro e o Segundo Testamentos, ou seja, como o povo da Bíblia foi percebendo a revelação histórica de Deus na sua caminhada. Mesmo depois da Visão global e das Teologias bíblicas permaneciam algumas dificuldades na compreensão das diversas formas literárias que aparecem na Bíblia. Daí a razão da terceira série "Palavra, forma e sentido", que trata dos diferentes gêneros literários na Bíblia, como as narrativas com fundo mitológico, alegoria, fábula, milagre e muitos outros.

Voltar às origens do cristianismo será sempre uma viagem fascinante pelo túnel do tempo. Em nossos dias, cresce cada vez mais o desejo de redescobrir valores perdidos ou deixados de lado pela tradição cristã. Olhar para trás não significa cumprir a "sina da mulher de Ló", isto é, tornar-se uma estátua de sal. Olhar para trás significa deixar-se salgar pelo sal das primeiras comunidades, purificar-se de conceitos historicamente consagrados, sobretudo em relação à atuação das mulheres da primeira hora do cristianismo.

Foi por isso que me "impus" a nobre tarefa de estudar as origens do cristianismo que os evangelhos apócrifos também nos legaram. No decorrer da leitura deste livro, proponho a você, caro (a) leitor(a), se perguntar: Quem, de fato, foi Jesus? Como era a vida do menino Jesus? Quais foram os seus ensinamentos? Como distinguir o Jesus da fé e o histórico? Na verdade, esta última questão parece não ter resposta. Aquilo que no início do cristianismo era simplesmente expressão devocional da fé em Jesus passou a ser um dado histórico sobre ele. E o que era histórico passou a ser dado de fé. Por isso, para conhecer Jesus sob outros prismas torna-se interessante descobri-lo também nos escritos apócrifos. Jesus é um só, mas os escritos sobre ele são, por assim dizer, reflexos das várias maneiras pelas quais as comunidades o compreenderam. São experiências múltiplas e diferentes. Mas, de fato, uma se impôs como exata, tornando-se a oficial.

Além dos questionamentos sobre Jesus, vale a pena também nos perguntar: Quem foi Maria? Por que essa mulher nos fascina? Como foi a sua vida? Quem foi Maria Madalena? Uma prostituta ou a amada de Jesus? Que outros fatos na vida de José nos são desconhecidos? Como foi a vida do menino Jesus? Cada capítulo deste livro será uma tentativa de responder a essas questões.

O primeiro capítulo abre as portas das origens apócrifas do cristianismo, analisa os "cristianismos" de origem, define o perfil dos movimentos considerados heréticos pelo grupo hegemônico, mostra a sua influência nos escritos sobre Jesus e seus seguidores. Apresenta o significado do substantivo apócrifo, a lista dos apócrifos e sua datação.

O segundo capítulo analisa melhor o primeiro, situando a literatura apócrifa na pesquisa bíblica atual. Procura demonstrar os motivos do surgimento dos apócrifos, bem como seu valor e importância para o cristianismo de origem.

O terceiro capítulo trata especificamente da personagem Maria Madalena, as vozes da tradição sobre ela, sua relação afetiva com Jesus. Procura mostrar que Maria Madalena não era prostituta. O evangelho de sua comunidade é comentado passo a passo e em paralelo a Jo 20,1-18 e Ct 3,1-5.

O quarto capítulo traz um fragmento do texto e o comentário de algumas passagens do evangelho de Tomé em relação aos evangelhos de João, Mateus, Marcos e Lucas, no qual as parábolas recebem uma atenção especial.

O quinto capítulo apresenta, de modo sistemático, a vida de Maria, a mãe de Jesus, segundo os apócrifos. Algumas considerações são feitas ao conjunto dos textos.

O sexto capítulo apresenta o personagem José, sua origem, profissão, os fatos mais importantes de sua história narrada nos evangelhos apócrifos.

O sétimo capítulo apresenta a vida do menino Jesus, suas façanhas desde criança na relação com seus colegas de infância e outras pessoas, que os evangelhos canônicos não contaram.

Uma das conclusões a que chega o estudo dos apócrifos é que estes precisam ser redescobertos pelas nossas comunidades, pois trazem dados preciosos sobre a origem de nossa fé.

Agradeço ao Serviço de Animação Bíblica (SAB), ao Centro de Estudos Bíblicos (CEBI) e aos meus caros(as) estudantes de teologia do Instituto Santo Tomás de Aquino (ISTA), do Instituto de Ciências Humanas (IMACH), do Centro de Estudos Superiores dos Jesuítas (CES), do Centro Loyola (BH), dos cursos de teologia das Dioceses de Divinópolis e Belo Horizonte e das comunidades eclesiais, que foram os primeiros a acolherem e experimentarem essas nossas intuições, ou melhor, que me ajudaram a concebê-las.

Frei Jacir de Freitas Faria

Divinópolis, 2 de fevereiro,
festa da Apresentação do menino Jesus ao templo.

1
Abrindo as portas das origens

Para que possamos compreender o significado dos evangelhos e textos apócrifos do Segundo Testamento, faz-se necessário entender algumas questões que formaram o "pano de fundo" do surgimento dessa literatura. A primeira delas é sobre os cristianismos de origem.

Cristianismo ou cristianismos de origem?

Depois da morte de Jesus — ano 33 da Era Comum[1] — até a redação dos primeiros escritos sobre ele, por volta dos anos 60/70 E.C., temos um período vago de aproximadamente trinta anos. Nesse meio tempo, surgiram disputas teológicas em torno da pessoa de Jesus. Para as comunidades cristãs era de fundamental importância compreender quem ele era. No entanto, elas se defrontavam com o fato de que muitos discípulos e discípulas que conviveram com Jesus já tinham morrido. Alguns, como o apóstolo Paulo, por não terem conhecido pessoalmente Jesus, o anunciavam ressuscitado. Outros, como Tiago, considerado irmão de Jesus e judeu piedoso de Jerusalém, tinham outra visão da missão de Jesus, pois com ele haviam convivido. Para Paulo, a história de Jesus começa na sexta-feira e termina no domingo da ressurreição. Segundo este, "em vão seria a nossa fé se não fosse a res-

---

[1] Em uma atitude ecumênica para com os judeus, vamos utilizar a terminologia Era Comum (E.C.) e antes da Era Comum (a.E.C.) no lugar das siglas tradicionais antes e depois de Cristo. Da mesma forma, usaremos Primeiro para Antigo e Segundo para o Novo Testamento.

surreição de Jesus". Não só as cartas paulinas, mas os Atos dos Apóstolos refletem a disputa teológica entre Tiago e Paulo. Estudos recentes concluem que caso tivesse triunfado o Jesus de Tiago, o cristianismo teria outro perfil: mais aguerrido, de cunho judaico e menos afeiçoado ao império romano. Paulo, com certeza, anunciou a cruz de Jesus como libertação, e não simplesmente para a salvação dos pecados. Impôs-se a segunda idéia, bem como a de Jesus ressuscitado.

Desse esforço coletivo para traçar o perfil do Mestre surgiram vários cristianismos, isto é, vários modos de interpretar Jesus, os quais classificamos, a seguir, segundo sua linha mestra de pensamento e a comunidade ou pessoa que o representa:

a) cristianismo dos ditos de Jesus (Fonte Quelle, Tomé);
b) cristianismo da cura e do caminho (Marcos);
c) cristianismo do Jesus Filho de Deus, Messias e seguidor do judaísmo (Mateus);
d) cristianismo da salvação para judeus e não-judeus (Lucas);
e) cristianismo do discurso teológico elaborado e dos sinais (João);
f) cristianismo do Jesus histórico e revolucionário (Tiago, Tomé);
g) cristianismo do Jesus ressuscitado e glorioso (Paulo);
h) cristianismo do Jesus ressuscitado que mora dentro de cada um de nós de forma integrada e que nos convoca a viver e testemunhar a harmonia (Maria Madalena);
i) cristianismo gnóstico, que mostra Jesus, o ressuscitado que traz a salvação (Tomé, Maria Madalena, Filipe);
j) cristianismo da apostolicidade, que indica a organização comunitária e hierárquica da comunidade para garantir a pregação da Boa-Nova do Evangelho (Atos dos Apóstolos e Cartas de Paulo).

Somos herdeiros desses vários tipos de cristianismos. Mateus, Lucas, Tiago, João e os demais que continuam vivos em nosso meio. Por outro lado, o cristianismo que teve primazia foi o da apostolicidade, por ter sido ele o que norteou as várias linhas de pensamento, tornando-se, assim, o cristianismo da oficialidade, o canônico. As outras correntes de pensamento, para também serem consideradas canônicas, tiveram de se adequar aos princípios da apostolicidade. "Os apóstolos foram perseguidos teologicamente e também perseguiram pensamentos diferentes no interior das comunidades".[2] Na escolha do substituto de Judas, os critérios utilizados para selecionar os candidatos são: ser varão, ter sido discípulo de Jesus durante o tempo de sua vida terrestre e ter sido chamado e enviado a dar testemunho do ressuscitado. O texto bíblico (At 1,21-26) nos relata que o escolhido por sorte foi Matias. Ao ler essa passagem de Atos, não questionamos o procedimento da escolha. Parece que houve consenso na indicação. No entanto, esse parece não ter sido o caminho lógico. O texto que temos à disposição já fora filtrado pela crítica. E é por isso que nos perguntamos: Por que Maria Madalena não poderia ter sido a escolhida? Só por ser mulher? Maria Madalena exercia forte liderança nas primeiras comunidades. Ela disputou, como veremos mais adiante, a liderança do grupo dos apóstolos com Pedro. Não entanto, o grupo dos Doze, que se impôs como único, impediu o registro de tais discussões. O evangelho de Maria Madalena nos mostra os conflitos que devem ter existido entre os apóstolos Pedro, André e Maria Madalena.

Os relatos sobre Jesus são uma ínfima parte daquilo que ele fez ou disse. A escolha dos fatos a serem escritos está relacionada com a experiência da comunidade que os escreve, após tê-los guardado na memória. Jesus nunca escreveu nada sobre si

---

[2] Cf. FARIA, Jacir de Freitas et alii. O Espírito de Jesus rompe as barreiras; os vários "rostos" do cristianismo segundo Atos dos Apóstolos (1–15). In: *A palavra na vida*. São Leopoldo, CEBI/MG, nn. 158/159, p. 17, 2001.

mesmo. Nunca saberemos, de fato, toda a sua história, mas interpretações dela.

A pregação missionária, catequética e litúrgica da paixão e ressurreição motivou a formação dos evangelhos canônicos. Tomé não fala da ressurreição de Jesus. E Filipe chega a dizer que Cristo primeiro ressuscitou e depois morreu. Como entender esses vários modos de narrar o evento Jesus? Por que a tradição não revelou ou escondeu essas informações?

O cristianismo de João teve dificuldade para entrar na lista dos livros canônicos. Não seria o evangelho de João parente próximo do evangelho de Maria Madalena? Segundo os apócrifos, a discípula amada de Jesus é Maria Madalena. Jesus a amou mais que aos apóstolos (evangelho de Maria Madalena 18,14). Não teria a comunidade de Madalena colocado na boca de João os seus ensinamentos para que esses pudessem ser aprovados pelos apóstolos e pela tradição? João não seria Maria Madalena, a discípula, companheira e amada de Jesus? Boa questão! Possivelmente não teremos resposta para ela, mas que após a morte de Jesus surgiram vários modos de interpretá-lo, os quais chamamos de cristianismos, disso não podemos duvidar.

Os evangelhos canônicos e as cartas são reflexos claros do cristianismo que se firmou como "verdadeiro". Os evangelhos, sobretudo, ao contar a história de Jesus, quiseram ser uma resposta ao grupo dos que pensavam que a vida terrena de Jesus não contava. E esses se transformaram em verdadeiras obras literárias. E belezas literárias assim tão raras só podiam ser inspiradas por Deus. Os apócrifos, segundo alguns estudiosos, desde o ano 50 da E.C., corriam por fora nessa disputa teológica pelo perfil de Jesus. Ou foram colocados de lado? É o que veremos na seqüência de nossas reflexões.

A Boa-Nova de Jesus ressuscitado rompeu as fronteiras do judaísmo e chegou ao império romano. Somos filhos desse ardor missionário e apostólico. Viva Paulo e seus companheiros e companheiras de evangelização! Mas imagine se a escola de Tiago tivesse vencido Paulo e seus companheiros na batalha sobre quem detém e anuncia o perfil de Jesus. Não seríamos cristãos de outro modo? Ou já teríamos deixado de existir?

Movimentos considerados heréticos

O movimento de delineação do perfil de Jesus não pode deixar de ser estudado no contexto das chamadas "heresias" que se estabeleceram entre os cristãos. Nos primeiros séculos da Era Comum surgiram vários movimentos filosóficos religiosos, os quais buscavam inspiração nas culturas grega e egípcia. Muitos judeus e cristãos viram-se fascinados por esses grupos. A interpretação do fato Jesus com certeza sofreu a influência desse modo de conceber a vida. Alguns estudiosos chegam a identificar em Jesus atitudes inspiradas no modo de proceder desses movimentos, os quais passaram para a história como heréticos. Destacamos o gnosticismo, o docetismo e o cinismo.

a) Gnosticismo

O gnosticismo surgiu no primeiro século da Era Comum. Os atos de seus seguidores eram movidos pelo seguinte modo de pensar:

- a salvação é adquirida pelo profundo conhecimento (*gnose*) teórico de si e, simultaneamente, de Deus;
- a ignorância é uma forma de autodestruição;
- a tarefa do ser humano consiste em buscar, com muito esforço, a gnose;
- ao gnóstico, para obter a salvação, basta conhecer e crer que o Filho de Deus veio a este mundo;
- para ser perfeito o homem precisa fundir sua alma com a divindade e nisto consiste a *gnose*;

- a natureza divina de Cristo transcende o sofrimento;
- o sofrimento não tem sentido;
- o ser humano sofre não por causa do pecado, mas por sua ignorância;
- a alma é prisioneira da matéria;
- quem recebe o espírito comunica-se diretamente com Deus;
- a libertação do ser humano ocorre não por processos históricos, mas de forma interior;
- as mulheres atuavam no movimento gnóstico como mestras, profetisas, sacerdotisas.

O gnosticismo foi um movimento de resistência aos cristãos que se organizavam em uma instituição eclesial. Esta se arvorava do poder divino para direcionar o movimento de Jesus. Um gnóstico, por acreditar na presença divina em si mesmo, não poderia, é claro, acreditar em uma instituição humana, terrena. Assim, os gnósticos tinham como objetivo, entre outros, ser uma alternativa à institucionalização do cristianismo. Para um gnóstico, não havia necessidade da mediação de uma instituição eclesiástica para entrar em contato com Deus. Cada fiel poderia comunicar-se diretamente com ele. O primado de Pedro foi, por isso, contestado e não aceito por eles. O Primeiro Concílio de Constantinopla (381 E.C.) condenou o gnosticismo como movimento herético.

Os gnósticos buscavam a sabedoria como meio de alcançar Deus. Para eles, Deus não se dá a conhecer aos pobres e sofredores, o que vai contra a pregação de Paulo (1Cor 3,18-19.21-23).

Não só os cristãos rejeitaram o gnosticismo, mas também os judeus. O judaísmo é muito pragmático. O substantivo *dabar*, por exemplo, significa palavra (realidade abstrata) e coisa (realidade concreta). E nessas duas realidades, abstrata e concreta, nasce a relação com Deus. Um conhecimento abstrato não podia ser aceito pelos judeus. Para o judaísmo, o conhecimento vem da Torá. Para os cristãos, Jesus é a Torá encarnada. As comunidades cristãs nasciam em torno das curas, milagres e testemunhos, o que contrariava o pensamento judaico. Para eles tudo isso tinha uma origem na magia e acreditar nisso era idolatria. Assim, para o judaísmo aderir ao gnosticismo ou ao cristianismo seria o mesmo que seguir o caminho da idolatria.

Por mais que a comunidade judaica tivesse o desejo de rejeitar o mundo grego, ela não conseguiu. O grego tornou-se a língua oficial. Da mesma forma, o cristianismo, via império romano e conseqüente pensamento greco-romano, se viu helenizado no seu modo de pensar.

b) Docetismo

O docetismo é uma doutrina gnóstica do segundo século da Era Comum. Seus adeptos acreditavam que:

- o corpo de Jesus não era real, mas só aparência;
- Jesus não nascera de Maria;
- Jesus não podia morrer nem perecer.

Muitos escritos apócrifos/pseudepígrafos surgiram em oposição aos atos dos docetas. Os evangelhos canônicos responderam aos docetas mostrando a historicidade de Jesus, sua vida terrena. Jesus não podia ser aparência. Ele sofreu e seu sofrimento nos libertou. Não que ele quisesse ou devesse sofrer. Havia, no início do cristianismo, um grupo de cristãos que acreditava na cruz como salvação dos pecados e outro que pregava a cruz como libertação. O segundo grupo tinha Paulo como mentor. O grupo da cruz como salvação dos pecados saiu vencedor. Historicamente, a Igreja Católica propagou esse modo de pensar. Tudo ou quase tudo era pecado. Listas de pecados "morais" não faltaram! E quanta gente morreu pensando que iria para o "fogo do inferno"! Até bem pouco tempo, as pregações de eloqüentes missionários se inspiravam nessa visão negativa da vida cristã.

c) Cinismo

O substantivo "cinismo" vem do grego (*kinikos*) e significa "próprio do cão", "canino". Havia pessoas que contestavam a hipocrisia generalizada da sociedade de época, levando uma vida sóbria, o que levou seus opositores a chamá-los de "movimento dos cachorros". Assim, o cinismo se baseava nos seguintes princípios:

- abstinência total das leis e convenções morais e culturais;
- a salvação consistia em viver segundo a natureza.

Os mentores desse movimento foram Diógenes de Sínope (413-323 a.E.C.) e Antístenes de Atenas (444-365 a.E.C.).

O significado do substantivo "apócrifo"

Definir o termo grego "apócrifo" (*apókryphos*) requer considerar a complexidade de definição advinda de tal terminologia, bem como da lista dos assim considerados livros apócrifos. Entre os estudiosos considerava-se o termo apócrifo a tradução do substantivo hebraico *ganûz*, o qual designa os livros não usados na liturgia. Os evangélicos/protestantes chamam os apócrifos católicos de pseudepígrafos. Eles usam a terminologia *apócrifo* para designar os deuterocanônicos (Tobias, Judite, Sabedoria, Eclesiástico, Baruc, I e II Macabeus).

Historicamente, muitas foram as definições do termo apócrifo, a saber:[3]

- algo precioso e, por isso, mantido em segredo;
- texto não usado oficialmente na liturgia das primeiras comunidades cristãs;
- texto conservado escondido por ter conteúdo não aceito;

---

[3] Para uma análise histórica das definições da terminologia apócrifa, confira: MORALDI, Luigi. *Evangelhos apócrifos*. São Paulo, Paulus, 1996. pp. 11-24.

- texto de origem desconhecida;
- texto falso ou falsificado no conteúdo ou título;
- livros de uso restrito por leitores de uma determinada corrente de pensamento;
- textos não-inspirados e, por isso, não-canônicos;
- livros parecidos com os considerados canônicos, mas com estilos literários diversos;
- textos que complementam o conteúdo, o sentido dos escritos canônicos, isto é, os escritos considerados inspirados e que, por isso, fazem parte da Bíblia. Esses textos podem, até mesmo, oferecer dados esquecidos ou pontos de vista diferenciados dos que permaneceram oficiais.

A múltipla definição do substantivo apócrifo já nos mostra que estamos em um campo que merece nossa atenção especial. Os estudiosos se dividem em relação aos escritos apócrifos do Segundo Testamento. Alguns afirmam que eles são simplesmente a expressão da piedade popular sobre Jesus, produzida no segundo século do cristianismo. Para eles, essas informações nada acrescentam àquelas conservadas nos textos canônicos. Ao contrário, deturpam o sentido exato dos dados. Outros defendem que os textos apócrifos, alguns deles como parte do evangelho de Tomé, datado no ano 50 da Era Comum, poderiam nos aproximar mais da mensagem de Jesus, isto é, sem a interpretação da comunidade. E mesmo que não fossem datados do primeiro século, esses textos conservam dados importantes da memória popular sobre Jesus e seus seguidores(as). Nós preferimos considerar os apócrifos como preciosidades mantidas em segredo que nos revelam dados importantes, os quais complementam a história dos cristianismos de origem. O estudo dos apócrifos, sobretudo os do Segundo Testamento, nos permite compreender o esforço dos primeiros cristãos para seguir a Jesus, o que, certamente, não deixou de ocasionar dificuldades no relacionamento entre as lideranças.

Muitas de nossas tradições religiosas provêm das informações legadas a nós pelos apócrifos, tais como: os nomes de Joaquim e Ana, pais de Maria; algumas estações da via-sacra; o gesto de Verônica; a apresentação de Maria no Templo; a palma de Maria; o pano usado por Jesus na cruz etc.

Os livros apócrifos do Segundo Testamento

Inúmeros são os livros e fragmentos apócrifos. As descobertas em Nag Hammadi, Qumran, Benesa, nos últimos séculos, têm despertado o interesse dos pesquisadores até mesmo em classificá-los. Já entre os anos 412 e 523 E.C., temos o Decreto Gelasiano, do papa Gelásio, uma das sessenta obras apócrifas do Segundo Testamento (ST). O decreto exorta os católicos a evitar essas obras.[4] Além desses, temos outros escritos apócrifos do Primeiro Testamento. Em Nag Hammadi, no alto Egito, foram encontrados, em 1945, mais de cinquenta apócrifos de cunho gnóstico. Na verdade, o número de livros apócrifos, sejam eles do Primeiro ou Segundo Testamento, passa de cem. O fato de termos tantos escritos sobre o evento Jesus é sinal de que havia uma disputa teológica nos primeiros séculos do cristianismo. A tradição se encarregou de selecionar alguns escritos e conservá-los como canônicos. Outros se mantiveram pela persistência e resistência de algumas comunidades.

Também os apócrifos do Segundo Testamento podem ser classificados segundo as clássicas categorias de evangelhos, atos, epístolas e apocalipses.[5] Enumeramos a seguir uma lista contendo alguns deles.

---

[4] Cf. Luigi Moraldi, op. cit., pp. 21-24.

[5] No bloco dos evangelhos estão catalogados livros apócrifos que não são propriamente evangelhos, mas que foram aí colocados por razões metodológicas.

Evangelho	Atos	Epístolas	Apocalipses
Segundo os Hebreus	de Pedro	Cristo a Abgar	de Pedro
dos Ebionitas ou Doze	de Paulo	Abgar a Cristo	de Paulo
Segundo os Egípcios	de Tecla e de Paulo	Sêneca a Paulo	de Tomé
de Pedro	de João	Pilatos a Herodes	de Estêvão
de Maria Madalena	de André	Pilatos a Tibério	de João
de André	de Tomé	Paulo aos Laodicenses	de Paulo
de Mateus	de Filipe	Pedro a Filipe	da Virgem
de Matias	de Pilatos ou Evangelho de Nicodemos	Pilatos a César ou Anáfora de Pilatos	de Tiago
de Tomé	de Mateus	Carta dos Apóstolos	
do Pseudo-Tomé	de Barnabé	Terceira Epístola aos Coríntios	
de Filipe	dos Doze Apóstolos	de Barnabé	
de Bartolomeu	de Tadeu	aos Alexandrinos	
de Barnabé	de Pedro e André	de Tiago	
de Tiago Menor			
da Ascensão de Tiago			
de Judas Iscariotes			
de Gamaliel			
de Verdade			
de Judas			
Pseudo-Mateus			
Árabe da Infância de Jesus			
Armênio da Infância de Jesus			
História do Nascimento de Maria ou Proto-Evangelho			
de Tiago			
A filha de Pedro			
A vingança do Salvador			
A descida de Cristo aos infernos			
Tradição a respeito de Pilatos			
Livro do Descanso de Maria			
História de José, o carpinteiro			
A cura de Tibério			
Declaração de José de Arimáteia			
A morte de Pilatos			
Trânsito de Maria			

A datação dos apócrifos do Segundo Testamento

A datação dos apócrifos do ST é discutida e sem consenso entre os estudiosos do assunto. Há quem date, por exemplo, as parábolas do evangelho de Tomé no ano 50 E.C. e o resto do evangelho nos anos 90, 140 ou 200. Nunca chegaremos a uma precisão científica. Os argumentos usados em favor de uma ou outra data são, muitas vezes, imprecisos e subjetivos. Podemos, no entanto, considerar que a datação dos apócrifos do ST vai do primeiro ao sexto séculos da Era Comum. A maioria deles, no entanto, foi escrita entre os séculos segundo e quarto.

2
A literatura apócrifa e seu valor para a ciência bíblica

Discussões entre estudiosos da Bíblia sobre a importância dos apócrifos não faltam. As opiniões vão de um extremo ao outro. Para compreender esses disparates, faz-se necessário situar os apócrifos no seu percurso histórico e na pesquisa atual.

O que motivou o surgimento dos apócrifos?

Os judeus aprovaram, por volta do ano 80 a 100 da E.C., na cidade de Jâmnia, no sul da Palestina, o cânon hebraico, isto é, a lista dos 39 livros que foram considerados inspirados segundo eles. Entre os cristãos, o cânon (lista) dos livros inspirados teve de esperar longos anos para ser formado e aprovado. No ano 150 E.C. surgiu o cânon de Marcião e no ano 200 E.C., o Muratoriano. Vários concílios, a começar pelo de Hipona (398), discutiram e aprovaram a canonicidade dos livros bíblicos. Podemos dizer que no século IV o cânon do Segundo Testamento já era reconhecido por todos, mas somente no Concílio de Trento, em 1546, é que os livros da Bíblia foram definitivamente considerados inspirados e aprovados pela Igreja Católica.

Na trajetória da inspiração cristã e judaica, muitos livros foram deixados à margem da lista dos inspirados. No início ninguém sabia se o livro usado pela comunidade *x* ou *y* era inspirado ou não. Entre os cristãos, muitas pessoas e comunidades dedica-

---
[1] Para um estudo aprofundado da formação do Cânon do ST, veja *Ribla*. A canonização dos escritos apostólicos. Petrópolis, Vozes, nn. 42/43, 2002.

ram dias a fio para colocar por escrito fatos que a tradição sobre Jesus guardou na memória. Os livros que entraram no cânon, isto é, na lista dos livros inspirados, foram chamados canônicos, e os que não entraram, apócrifos. Tanto o judaísmo como o cristianismo deixaram muitos livros fora do cânon.

O argumento de que a vida e a obra de Jesus e seus seguidores não podiam cair no esquecimento levou os cristãos a escreverem verdadeiras obras literárias sobre Jesus e seu movimento. Em relação aos escritos considerados apócrifos, podemos enumerar algumas motivações específicas, a saber:

a) o desejo de ampliar as informações sobre a pessoa de Jesus;

b) a necessidade de sanar a curiosidade dos cristãos sobre a vida de Jesus, de Maria, de José, dos apóstolos;

c) a tentativa de fazer valer a diversidade de pensamento que existia no início do cristianismo, provocando até mesmo cisão no interior do cristianismo;

d) exagerar na narrativa de fatos reais da vida de Jesus e de seus seguidores para, com isso, enaltecer ou desmerecer o papel exercido por um ou outro personagem do seu movimento;

e) a releitura da vida de pessoas importantes do cristianismo na ótica de grupos, como os gnósticos, o que possibilitava a valorização dos seus aspectos religiosos.

Com o passar dos anos, muitos apócrifos foram desprezados por grupos e pessoas importantes das comunidades e, por isso, muitos deles seguiram o caminho da separação do pensamento oficial das Igrejas.

A legitimidade e a importância dos apócrifos

Ninguém duvida que muitos cristãos conheceram somente os textos apócrifos do Segundo Testamento e deles alimentaram a sua fé.

E todos, igualmente, foram bons cristãos. Podemos afirmar a importância dos apócrifos baseando-nos em alguns argumentos:

a) os apócrifos devem ser analisados no contexto das comunidades que procuravam definir os critérios da inspiração. Não são uma corrente à parte que procura dividir a comunidade pela diversidade de sua visão sobre os personagens bíblicos;

b) os apócrifos ajudaram a construir a literatura cristã nos seus vários gêneros literários;

c) a Igreja primitiva deve muito ao esforço dos cristãos em escrever sobre as diversas maneiras de viver e compreender Jesus e sua mensagem na Igreja nascente. Por esse motivo, mais que considerar os apócrifos falsos, vale a pena lê-los com um olhar crítico e ecumênico;

d) os apócrifos elucidam a devoção popular a Maria e José, bem como ajudam a eliminar preconceitos criados historicamente em relação a Maria Madalena;

e) os apócrifos gnósticos de Nag Hammadi nos possibilitam conhecer a gnose e sua relação com as origens do cristianismo. Os gnósticos influenciaram na formação da teologia do cristianismo emergente. O evangelho de João tem indícios claros de pensamento gnóstico. O evangelho de Maria Madalena tem pontos comuns com o evangelho de João, mas não foi considerado inspirado.

Os apócrifos, os manuscritos de Qumran e o rabinismo

Não podemos confundir a descoberta dos apócrifos gnósticos com a dos manuscritos de Qumran. Em Qumran também foram encontrados textos apócrifos, mas antes disso já se tinham descoberto outros livros apócrifos.

Situada no deserto de Judá, ao lado do mar Morto, Qumran é a localidade onde morou um grupo de judeus que se revoltou com os sacerdotes do templo de Jerusalém, os quais sacrificavam animais. Ali se formou uma comunidade de celibatários e casados, que praticavam banhos rituais e estudavam a Torá. Em 1947, o jovem pastor Muhammad Edh-Dib, procurando uma cabra perdida nas colinas da região do mar Morto (Qumran), encontrou sete jarros de cerâmica contendo pergaminhos, nos quais estavam copiados os livros de Isaías, Habacuc e Gênesis. Depois deste achado, as buscas prosseguiram até 1956. Ao todo são 813 papiros e pergaminhos encontrados em Qumran. Trata-se de cópias dos livros da Bíblia, exceto o livro de Ester; livros apócrifos, comentários bíblicos; tratados de liturgia e regras da comunidade essênica que vivia no local. Recentemente, o penoso trabalho de tradução desses manuscritos, na sua maioria mutilados, queimados, chegou ao fim. Emmanuel Tov, da Universidade Hebraica de Jerusalém e coordenador da última fase de tradução, declarou que não foram encontradas referências diretas a Jesus, João Batista e aos primeiros cristãos nos textos de Qumran.[2] Essa conclusão abre a discussão em torno da ligação de João Batista com o essênios, bem como de Jesus com Qumran. "Os rolos do mar Morto são mesmo mais valiosos do que se pensava há cinqüenta anos. Eles nos deram a literatura do antigo Israel", declarou Tov à revista norte-americana *New York Times*, 2002.

Como situar os apócrifos nessa discussão em torno dos escritos do mar Morto? Primeiro, não podemos confundir a descoberta de textos apócrifos em Nag Hammadi, no alto Egito, no ano de 1945, com os escritos de Qumran, que foram descobertos em 1947. No Egito foram descobertos apócrifos de cunho gnóstico, como os evangelhos de Maria Madalena e Tomé. Em Nag Hammadi foram conservados em uma urna de argila papiros contendo escritos considerados heréticos pelo Concílio de Nicéia (325 E.C.).

---

[2] GALILEU, São Paulo, Editora Globo, n. 128, mar. 2002, p. 34.

Foi o bispo Atanásio de Alexandre quem ordenou, em 367 E.C., que esses textos de tendência herética fossem queimados. Essa ordem não foi seguida pelos monges de Nag Hammadi, os quais esconderam preciosidades apócrifas gnósticas ao pé do rochedo alto e íngreme chamado Djebel-el-Târif.

Os apócrifos do Segundo Testamento, considerando-se as controvérsias entre os estudiosos, podem ser datados desde o ano 50 ao ano 600 da E.C. Esse fato coloca a literatura apócrifa em relação à literatura rabínica (século II ao VI E.C.). Os rabinos de linha farisaica, facção que subsistiu à guerra do ano 70 contra os judeus, procuraram reformular o judaísmo. Sem templo, Jerusalém destruída, a Torá na diáspora uniu o povo judeu. A literatura oral judaica foi colocada por escrito no tratado que levou o nome de Mixiná, por volta do ano 220 da E.C. Os cristãos, de origem judaica ou não, por sua vez, foram sedimentando a fé em Jesus como releitura da Torá. A literatura apócrifa cristã surge também nesse contexto.

Os apócrifos e os evangelhos canônicos na pesquisa bíblica atual

Alguns estudiosos acreditam que a literatura apócrifa do Segundo Testamento é a continuidade daquela que foi canonizada nos evangelhos. E, posteriormente, ela teria sido maculada pela literatura greco-romana.[3] Os apócrifos receberam influência da tradição oral das comunidades de Marcos e Mateus e, segundo opiniões de estudiosos, influenciaram a formação desses e outros evangelhos canônicos. Não existe uma literatura apócrifa monolítica. Vários grupos, alijados da oficialidade, produziram esses textos. Podemos dividir os evangelhos apócrifos em dois grupos:

---

[3] Cf. OVERBECK, Fr. *Über die Anfänge der patristischen literatur,* Basiléia, 1954; SCHNNEEMELCHER, W. *Neustestamentliche,* I, Tubinga, 1959, pp. 6-7.

a) os que partem da ressurreição de Jesus. Um bom número dos evangelhos apócrifos tem a preocupação de demonstrar a ação de Jesus ressuscitado e glorioso que aparece aos discípulos e discípulas para dar-lhes instruções e ensinamentos que eles deveriam anunciar com a disposição e a certeza absoluta da sua ressurreição. Isso explica o fato de muitos apócrifos não estarem preocupados com a vida terrena de Jesus. Como vimos anteriormente, Paulo também se preocupou em anunciar o Jesus ressuscitado, que ele conheceu e anunciou com o vigor de um convertido, antes perseguidor ferrenho dos cristãos. Mas havia também o cristianismo de Tiago, o irmão de Jesus, que não prosperou;

b) os que contam a história de Jesus. Nesse grupo de evangelhos apócrifos que contam fatos da vida de Jesus encontramos, sem sombra de dúvida, narrações que são meras fantasias. Exageros de uma fé piedosa e, às vezes, ousada. Jesus menino, com certeza, não terá matado um de seus colegas de brincadeira, somente pelo fato de desmanchar a represa que ele fizera para a enxurrada. Tampouco teria Jesus punido de morte um menino que, correndo, esbarrou nele pelas costas. As fantasias sobre a vida de Jesus devem ser compreendidas no âmbito da fé popular. Quem escreveu a história do Jesus menino, malvado, que pune de morte, não poderia, talvez, imaginar que isso teria influência na definição da fé na divindade de Jesus. Por outro lado, a preocupação apócrifa de contar, por exemplo, os fatos da vida de Maria que os canônicos omitiram delineou o perfil da piedade popular mariana que chegou aos nossos dias com o mesmo vigor da época. Muitos milagres e fatos extraordinários na vida de Jesus, considerados canônicos pela tradição, receberam também "pinceladas" de exagero. A multiplicação dos pães, mais que um fato extraordinário e verídico, quer significar que muitos comeram e que quando praticamos a partilha ninguém passa fome. Os evangelhos e textos apócrifos do Segundo Testamento são importantes porque deixaram escritas para nós as experiências de fé dos cristãos dos primeiros séculos. Os vários pensamentos significam várias comunidades, vários pontos de vista. E isso é mais positivo que negativo.

Podemos dividir a literatura apócrifa do Segundo Testamento em outros dois grupos, a saber:

a) escritos de origem cristã. Neles encontramos narrativas sobre a vida de Jesus, as quais complementam ou exageram na descrição de fatos sobre Jesus e seus seguidores;

b) escritos de origem gnóstica. São textos que nasceram no seio de comunidades influenciadas pelo gnosticismo ou até mesmo em comunidades gnósticas. Os evangelhos de Maria Madalena, Tomé, Filipe foram encontrados nestes grupos. Nesses escritos os ensinamentos de Jesus são lidos e interpretados sob a ótica do gnosticismo.

Não só os evangelhos apócrifos, mas os outros textos e livros canônicos do Segundo Testamento devem ser compreendidos sob essa ótica de interpretação. O italiano Luigi Moraldi, estudioso dos apócrifos, afirma:

> Depois da redescoberta da literatura apócrifa, alguns estudiosos apresentaram a hipótese segundo a qual uma parte da literatura apócrifa do Novo Testamento seria superior aos livros canônicos, e os evangelhos apócrifos mais antigos seriam os inspiradores dos evangelhos canônicos. Uma reação, talvez excessivamente violenta, contra essa posição teve, ao menos em parte, o efeito de desprezar toda a literatura apócrifa. Hoje se verifica a volta a uma posição equilibrada.[4]

---

[4] Cf. Luigi Moraldi, op. cit., pp. 30-31.

Podemos e devemos distinguir também nos apócrifos do Segundo Testamento, aqueles que são de origem cristã, dos que são de origem gnóstica. Os de origem cristã representam a piedade popular que complementou e até exagerou nas narrativas sobre Jesus e seus perseguidores. Os de origem gnóstica eram usados por grupos que se opunham ao pensamento vigente, como os gnósticos.

É bem certo que, infelizmente, ainda hoje, encontramos um grupo de estudiosos que renegam os apócrifos por completo. Mesmo que os apócrifos tenham informações inverossímeis, não podemos privar os cristãos do contato com esse pensamento que, por certo, tem aspectos positivos. Só porque eles não entraram no cânon não deixam de ser "inspirados". Neles nem tudo é fantasia. Graças a Deus! Todo texto canônico ou apócrifo merece ser lido e entendido de forma crítica e responsável.[5]

---

[5] Cf. FARIA, Jacir de Freitas. Evangelhos apócrifos! Preciosidades que não entraram no cânon. *Ribla*, Petrópolis, nn. 42/43, pp. 191-210, 2002.

3
O evangelho de Maria Madalena

Maria Madalena é a expressão de todo ser humano que procura Deus. Ela é igual a tantas outras Marias que vivem a alegria e o sofrimento, a ternura e o vigor do eterno procurar e encontrar o amado. Ela é o paradigma de todo ser humano que busca o transcendente com a determinação de encontrá-lo e a certeza de que ele já está dentro de cada um de nós. Uma liderança de tamanha grandeza só poderia ter gerado ciúmes entre os seus. Não teria sido por isso que a tradição cristã a identificou com a prostituta, ou melhor, a pecadora de Lc 7,36-50 que se aproxima de Jesus, unge seus pés com perfume e os beija? Não havia entre os apóstolos disputa pelo poder? Maria Madalena não foi ameaça para o grupo dos Doze? Não era ela a discípula amada de Jesus? Não foi ela a fundadora do cristianismo? Estas são questões que levaremos em consideração ao estudarmos o evangelho de Maria Madalena. A nossa reflexão procurará apagar os preconceitos criados historicamente em torno de Maria Madalena para, assim, reconstituí-la como paradigma de fé e apóstola de Jesus.

E o seu nome era Míriam de Mágdala

No mundo semita a pessoa é o seu nome. Dizer o nome de alguém significa elucidar a sua identidade. Assim, no nome de Maria Madalena ou Míriam de Mágdala estão expressas a missão e a vida dessa controvertida mulher dos primeiros séculos do cristianismo.

Qual outra Beruria[1] do judaísmo, Míriam de Mágdala incomodou os discípulos homens da primeira hora, bem como os judeus hostis ao cristianismo. Não é por acaso que os evangelhos canônicos a mencionam doze vezes. Vejamos o significado de seu nome.

Míriam é um substantivo composto de duas raízes, uma egípcia (*myr*) e outra hebraica (*yam*). *Myr* significa a amada e *yam*, Deus (abreviação de *Yavé*). Maria significa, então, a amada de Deus. Maria Madalena é amada de Deus, ou melhor, de Jesus. O evangelho apócrifo de Filipe 59,9 confirma esse dado ao afirmar:

> O Senhor amava Maria mais que todos os discípulos, e a beijava na boca freqüentemente. Os outros discípulos viram-no amando Maria e lhe disseram: "Por que a amas mais que a todos nós?" O Salvador respondeu dizendo: "Como é possível que eu não vos ame tanto quanto ela?"

Outras raízes para Míriam provêm do hebraico *mar,* que significa amargo, e o ugarítico *mrym* que, ao contrário, significa agraciada, excelsa. Assim, Maria Madalena simboliza todo e qualquer ser humano que vive a eterna dualidade da vida: amargura e graça divina. Alegria e amargura são os dias do ser humano sobre a terra. Depois da tristeza vem a alegria. Na tristeza, a alma chora. Na alegria, o ser humano sorri. Assim agiu a comunidade de Míriam de Mágdala no seguimento de Jesus.

Mágdala é, por sua vez, um substantivo hebraico. Nele estão unidos a preposição *me,* que em português significa *da,* e o adjetivo *gadol, grande.* Torre, em hebraico se diz *migdal.* Maria é, portanto, a *Mulher da Torre, Aquela que guarda,* a *Guardiã dos ensinamentos de Cristo.* No mundo antigo, a torre era o lugar que mais sobressaía nas cidades. Assim Maria Madalena também era aquela que sobressaía diante dos apóstolos. Não teria isso gerado ciúme entre

---

[1] Beruria foi mulher do sábio Rabi Meir e figura feminina erudita que se destacou entre os rabinos. Muitos preferiam a sua opinião à dos sábios.

os seguidores de Jesus? Claro que sim. Quem tem mais liderança em um grupo é o mais querido, mas é também rejeitado por outros. É significativo o fato de o evangelho de Maria Madalena ter conservado a seguinte fala de Pedro em relação a ela: "Será que ele (Jesus) verdadeiramente a escolheu e a preferiu a nós?" (MM 17,20).

O Talmude deriva mágdala de *magdilã*, particípio aramaico que significa cabeleireira ou esteticista. Nessa definição estão presentes a cabeleira e o perfume, que a identificam com uma prostituta. Devemos considerar essa possibilidade de tradução de *Mágdala* como mais uma das expressões do pensamento judaico conservador, que não admitia a liderança das mulheres.

Maria Madalena não era prostituta

Quem era, de fato, Maria Madalena? A interpretação errônea das passagens evangélicas que falam dela levou à sua identificação com a pecadora (prostituta?) que ungiu os pés de Jesus (Lc 7,36-50).[2] E esse erro, infelizmente, virou verdade de fé. O inconsciente coletivo guardou na memória a figura de Maria Madalena como mito de pecadora redimida. Fato considerado normal nas sociedades patriarcais antigas. A mulher era identificada com o sexo e ocasião de pecado por excelência. Daí não ser nenhuma novidade a pecadora de Lucas ser prostituta e a prostituta ser Maria Madalena. Lc 8,2 cita nominalmente Maria Madalena e diz que dela "saíram sete demônios". Ter demônios, segundo o pensamento judaico, é o mesmo que ser acometido de uma doença grave. No cristianismo, o demônio foi associado ao pecado. No caso da mulher, o pecado mais grave era sempre o sexual. Nesse sentido, a confusão parece lógica. Mas não o é, se levarmos em consideração o valor da liderança exercida por Maria Madalena entre os primeiros cristãos, bem

---

[2] Cf. FARIA, Jacir de Freitas. Segredos de história e fé, *Estado de Minas*, Belo Horizonte, 2 fev. 2002, caderno Pensar, n. 22033, p. 5.

como a predileção de Jesus por ela. Entre os discípulos judeus, considerar Maria Madalena uma prostituta significava também subestimar o valor da mulher enquanto liderança. Os Padres da Igreja seguiram essa linha de pensamento.

Maria Madalena, tida como prostituta, está em contraposição a Maria, mãe de Jesus e virgem pura por excelência.

No plano dos arquétipos, a figura mítica da meretriz penitente é estritamente conexa com aquela da Virgem mãe, e constitui, em certo sentido, a outra vertente do mesmo mecanismo psicológico. Virgindade e maternidade, antes de serem duas opções possíveis dentre as inumeráveis escolhas essenciais, são símbolos arquetípicos que, absolutizados e referidos às mulheres como modelos de comportamento concreto, refletem uma visão da realidade exclusivamente machista. Acabam sendo funcionais ao perpetuarem imóveis este modelo de realidade. Nesta perspectiva, a mulher não-virgem-não-mãe constitui o arquétipo feminino negativo por excelência: a prostituta ou, em todo caso, a tentadora. Além disso, tanto a Virgem Maria Toda Pura quanto a Pecadora Penitente Toda Impura, apesar de opostas, são definidas exclusivamente com base no sexo e na feminilidade percebida como uma realidade "oposta" [...]. Enquanto Maria de Nazaré é a mãe assexuada, Maria de Mágdala se torna a mulher, a outra. Num contexto religioso totalmente machista, a outra deve ficar num estado de inferioridade, portanto "dominável", por definição e por princípio.[3]

As vozes da tradição sobre Maria Madalena

Nos evangelhos canônicos, Maria Madalena é a figura feminina mais importante. Maria, mãe de Jesus, tem um papel im-

---

[3] Cf. SEBASTIANI, Lilia. *Maria Madalena: de personagem do evangelho a pecadora redimida*. Petrópolis, Vozes, 1995.

portante na infância de Jesus, mas não no corpo dos evangelhos. Sem contar as repetições, Maria Madalena aparece doze vezes nos evangelhos. Ela é a portadora do anúncio da ressurreição.

Atos dos Apóstolos, ou melhor, Atos de Pedro e Paulo, simplesmente ignoram a pessoa de Maria Madalena.

Os apócrifos do Segundo Testamento consideram Maria Madalena como:

- espírito de sabedoria;
- a personificação da gnose (conhecimento);
- amada de Jesus;
- adversária de Pedro;
- ministra da evangelização;
- discípula de Jesus.

A tradição judaica hostil a Jesus se encarregou também de ensinar que Maria Madalena era adúltera. O Talmude chega a confundi-la com Maria, mãe de Jesus.

Para Ambrósio, Madalena poderia ter sido pecadora. Já Pedro Crisólogo, arcebispo de Ravena no início do século VII, diz que Madalena é o símbolo da Igreja: "santa e pecadora". A misoginia (aversão à mulher) de Crisólogo o leva a afirmar, quanto ao fato de as mulheres (dentre elas, Madalena) receberem em primeira mão o anúncio da ressurreição, o seguinte:

> Neste serviço, as mulheres precedem aos homens, elas que pelo sexo vêm depois dos homens, por ordem (hierárquica) depois dos discípulos: mas não por isso estão a significar que os apóstolos sejam mais lentos, pois elas levam ao sepulcro do Senhor não a imagem de mulheres, mas a figura da Igreja...[4]

Para Crisólogo, Maria Madalena representa a Igreja e isso basta.

---
[4] CRISÓLOGO, Pedro *Sermão* LXXXV: *De ressurrectione Christi*, PL LII, 412.

Bruno de Asti, abade de Montecassino, vê em Maria Madalena o símbolo da Igreja dos gentios.

Honório de Autun atribui a Maria Madalena uma vida inclinada à libido e, por isso, diabólica, quando escreve:

(O Senhor...) nos colocou diante da bem-aventurada Maria Madalena como exemplo de sua clemência. Narra-se que esta era a irmã de Lázaro, que o Senhor fez ressuscitar do sepulcro depois de quatro dias, e foi também irmã de Marta, que com freqüência ofereceu hospitalidade ao Senhor. Esta Maria foi enviada para junto do marido na cidade de Mágdala, mas fugindo dele foi para Jerusalém, esquecendo-se de sua família, esquecida da lei de Deus, tornou-se uma vulgar meretriz; e após se tornar prostíbulo da torpeza, tornou-se também, por conseguinte, sacrário dos demônios; de fato, entraram nela sete demônios todos juntos, e constantemente a atormentavam com desejos imundos.[5]

Maria Madalena chegou a ser proclamada, em 1050, padroeira de uma abadia de monjas beneditinas. A idéia seria mostrar que Maria Madalena se arrependeu e tornou-se eremita. Na França, ela é tida como padroeira dos perfumistas e cabeleireiros. Maria Madalena é celebrada pela Igreja Católica no dia 22 de julho. Ela é também a padroeira das prostitutas.

Maria Madalena, historicamente, é tida como pecadora redimida.[6] Na liturgia devocional da Idade Média encontram-se laudes completas dedicadas a ela.

Maria Madalena inspirou muitos pintores, os quais a retratam como mulher:

- pecadora;
- penitente;

---

[5] Citado por Lilia Sebastiani, op. cit., pp. 97-98.

[6] As idéias anteriormente expostas fazem parte do profundo estudo sobre Maria Madalena de Lilia Sebastiani, op. cit.

- bela e formosa;
- velha e solitária;
- que unge Jesus;
- que ampara Maria, a mãe de Jesus;
- que anuncia o ressuscitado;
- discípula que acompanha Jesus em sua agonia.

A personagem Maria Madalena foi tratada no decorrer da história cristã como mito de pecadora redimida. De prostituta virou santa para morar no imaginário coletivo como mulher forte e exemplo de vida cristã. Infelizmente, esse foi um bem que, para se firmar, teve que fazer uso de inverdades, como a história de Maria Madalena, a prostituta.

Em fragmento apócrifo encontramos os nomes das nove mulheres que vão ao sepulcro, na manhã de domingo. Salomé é chamada de sedutora. Uma mulher é chamada de pecadora, da qual Jesus teria dito: "Teus pecados te são perdoados". De Maria Madalena nada se diz. Esse texto nos mostra que Maria Madalena não é vista como prostituta ou pecadora pelas primeiras comunidades.

O evangelho de Maria Madalena começa com Jo 20,1-18

Para entender o papel de Maria Madalena, devemos começar por onde termina o evangelho de João.[7] Não estaria aí o princípio de tudo? O início do evangelho de João afirma: "No princípio era a Palavra, e a Palavra se fez carne e veio morar entre nós" (Jo 1,14). João termina com o anúncio de Maria Madalena: Jesus ressuscitou! É a Palavra feita vida que ecoa dela. É o que encon-

---

[7] Essa reflexão sobre o valor simbólico das imagens presentes em Jo 20,1-18 e Ct 3,1-15 se encontra também publicada em: Jacir de Freitas Faria. Maria Madalena, a mulher que Jesus tanto amou, *Convergência*, Petrópolis, n. 346, 2001, pp. 511-516.

tramos em Jo 20,1-18: Maria Madalena vai ao sepulcro e o encontra vazio. Ela corre e relata o fato aos discípulos. Os discípulos vão ao túmulo e voltam para casa. Maria, do lado de fora do túmulo, no jardim, chora. Olha para dentro do túmulo e vê dois anjos. Conversa com eles e também com Jesus, o qual, num primeiro momento, ela não reconhece. Jesus a chama pelo nome, Maria. Ela o reconhece. Quer tocá-lo, mas Jesus a impede e ordena a ir e anunciar aos seus que ele voltaria para Deus. Maria Madalena sai correndo para dizer aos discípulos: "Vi o Senhor". Um pouco antes, o evangelho de João já teria dito que Maria Madalena estava aos pés da cruz com as outras Marias (Jo 19,25).

Nesses dois textos da comunidade de João sobre Maria Madalena encontramos uma vasta simbologia que nos elucida a trajetória, o encontro de Maria consigo mesma e com Deus. Um jardim e um túmulo estarão sempre no seu caminho. Os símbolos são: cruz, caminho, noite, túmulo, pedra, discípulos, jardim, aroma, flores, choro, anjos, fala de Maria, fala de Jesus, toque, retorno.

E a comunidade de João se inspirou em Ct 3,1-5

Uma leitura atenta de Ct 3,1-5 pode nos levar a concluir que a comunidade de João teria se inspirado no Cântico dos Cânticos para compor Jo 20,1-18. Tanto em João como no Cântico dos Cânticos a mulher sai à procura do seu amado. Vejamos o texto do Cântico:

Em meu leito, pela noite,
procurei o amado da minha alma.
Procurei-o e não o encontrei!
Vou levantar-me,
Vou rondar pela cidade,
pelas ruas, pelas praças,
procurando o amado da minha alma...
Procurei-o e não o encontrei.
Encontraram-me os guardas

que rondavam a cidade:
"Vistes o amado da minha alma?"
Passando por eles, contudo,
encontrei o amado da minha alma.
Agarrei-o e não vou soltá-lo,
até leva-lo à casa da minha mãe,
ao quarto da que me levou em seu seio.
Filhas de Jerusalém,
pelas cervas e gazelas do campo,
eu vos conjuro;
não desperteis, não acordeis o amor,
até que ele o queira!

Nesse belíssimo poema de amor encontramos vários símbolos que expressam o encanto, a paixão de duas pessoas que se amam em profundidade, no âmago do ser. Os símbolos são: leito, noite, cidade, ruas, praças, guardas, agarrar, soltar, casa da mãe, quarto, filhas de Jerusalém, cervas e gazelas do campo.

O valor simbólico de Ct 3,1-5 e Jo 20,1-18 na perspectiva do amor entre Maria Madalena e Jesus

Um símbolo fala por si mesmo. Mas, às vezes, elucidá-lo ajuda-nos a compreender melhor a sua profundidade. É o que faremos com os símbolos dos textos em questão. A nossa interpretação seguirá a linha poética. Poesia se faz com poesia. Não vale, nesse caso, o rigor de uma análise histórico-crítica do texto.[8] Os símbolos são:

---

[8] Devemos muito às intuições poéticas de Prudente Nery, no seu artigo: "Mais forte do que a morte... Sobre o diálogo entre mortais e os eternamente vivos", *Grande Sinal*, Petrópolis, Vozes, n. 5, 1995.

a) *Cruz*: simboliza a morte violenta. É o fim de tudo. É a não-vida. Maria Madalena, ao pé da cruz, contempla o seu amado morto. Ela quer retê-lo com vida, mas não lhe é possível tal envergadura. A solução parece ser a de morrer com ele. Maria sabe que o seu amado não pode morrer. Ele precisa viver para sempre. Por isso, ela não pára na cruz. Ela sai a caminho em busca do amado. Ela quer encontrá-lo em outro lugar que não seja a cruz. A amada de Cânticos faz o mesmo. No seu leito, pela noite, ela procura o amado.

b) *Leito e cruz*: lugares onde repousam os que amam em profundidade. Jesus morreu na cruz por amor aos seus. Quer expressão maior de amor que essa? Mas o amor não pára aí, ele está em toda parte e é preciso encontrá-lo.

c) *Caminho*: é o agir, o fazer de alguém que não pára na morte, pois a vida é vida a caminho. Qual outra Maria do Cântico dos Cânticos 3,1-5, Madalena sai à procura do seu amado. Coisa não muito comum em tempos antigos. A pressa pelo caminho de Maria Madalena e da mulher de Cântico dos Cânticos expressa o desejo incomensurável de trazer de volta o amado que se foi. É impossível não caminhar quando se sabe que no final da jornada o amado estará à espera da paixão que nunca morreu. A mulher de Cânticos é toda mulher impedida de ter ao seu lado o amor de sua vida. Conforme os costumes de Israel, a mulher não podia escolher seu marido.

d) *O vazio da noite*: é triste e tenebroso caminhar noturno do vazio deixado por aquele que se foi ou que não se pode ter, porque as regras morais não permitem.

e) *No caminho: anjos e guardas*. A mulher de Cânticos encontra guardas pela rua, Madalena encontra anjos no túmulo. Em ambos os textos ocorre um diálogo com esses personagens. O diálogo simboliza o vazio da amada que procura o seu amado. Os anjos representam a presença eterna e terna de Deus. Os guardas noturnos são personagens típicos da poesia popular sobre o amor. A pergunta aos guardas não precisa de resposta. É como afirmar: vocês não viram o meu amado. E eu preciso buscá-lo sempre. Essa é a minha sina. É o caminho de todos que amam. Uma estrada por mais velha e batida que seja não será sempre a mesma na trajetória do amor. Um caminho se faz caminhando.

f) *O túmulo*: é o vazio, o nada, o silêncio. É cada um de nós morto com aquele(a) que jaz eternamente. É o vazio existencial mesclado com o desejo de trazer de volta aquele que amamos. É um amontoado de pedras que guarda o amor de minha vida.

g) *Perto de um túmulo, um jardim; na cidade, uma praça*: lugares de procura do amado. Com certeza o amor vive entre as flores da praça ou em um túmulo acariciado por um jardim.

h) *No jardim e na praça, flores*: símbolos da gratidão, do desejo e da saudade do amado que partiu. Nas flores, o fim da saudade, o deixar o amado partir. "Se as flores falassem!" No perfume que delas exala, a eternidade do amor. As lágrimas por alguém que morreu se cristalizam nas flores de um túmulo. Essas flores não murcham nunca, pois vivem dentro de quem ficou. A vida é assim. Chega um momento em que não é mais possível chorar pelo ente querido. Ai de nós se as flores não existissem para catalisar as relações humanas no momento da partida. As flores expressam o fim da saudade.

i) *Com as flores, a saudade*: vontade de ver e encontrar de novo o amado. A saudade é quase como a morte. É tão forte que só quem a experimentou de verdade sabe o quanto ela dói. Ter saudade é o mesmo que buscar no mais profundo de nós as lembranças do amado(a). E essa tarefa parece não terminar. Para alguns é infindável. Ela só termina quando o coração sente-se possuído pelo amor eterno, que não morre mais. E a saudade deixa de ser a morte, pois o amado passa a viver para sempre e sempre viverá ainda que ausente.

j) *No encontro com o amado, o desejo de tocá-lo e agarrá-lo*: vontade de possuir para sempre o amado. É corporeidade sem limites. Maria Madalena quer tocar Jesus. A Maria de Cânticos quer agarrar e não soltar jamais o seu amado. Foi difícil encontrá-lo. O amor é assim: provisório e ilimitado.

k) *Voltar para a casa do pai e da mãe*: um amor vivido em profundidade tem sua origem em Deus que é pai e mãe. A amada de Cântico precisa voltar ao berço do seu amor, a casa de sua mãe. Jesus diz para Maria Madalena: "Vá e diga aos apóstolos, teus companheiros de caminhada, que eu volto para a casa de meu Pai. Seja você força na caminhada deles. E eles estarão com você no caminho do amor". Maria Madalena nesse momento compreende que Jesus vive dentro dela. Não há mais o que procurar a não ser a si mesma. Isso é ressurreição!

l) *Na partida, um adeus*: é ficar com Deus, o amado que vive eternamente no eterno mistério da procura. No adeus há sempre um desejo de reencontrar e, ao mesmo tempo, a certeza do encontro definitivo da vida em Deus, em Jesus, que não morre mais. Maria Madalena foi dizer aos seus que Jesus vive eternamente. Ele não morreu. O amor é eterno.

m) *No adeus, a eterna ressurreição*: Maria Madalena parte para anunciar a Pedro e aos apóstolos que Jesus ressuscitou. Pedro se encontra com Maria Madalena e dela recebe o anúncio da ressurreição. Nesse encontro, uma surpresa: "A fiel rocha de Pedro se esmigalhou como areia, mas a fé de Maria é verdadeiramente rocha [...]. A parte masculina do amor revelou-se em energia, forte é a feminilidade. O sol do amor masculino se põe na morte, o sol do amor feminino levanta-se na ressurreição".[9]

O evangelho de Maria Madalena passo a passo

Os textos apócrifos descobertos em 1945, no Alto Egito, em Nag Hammadi, tem a contribuir com os estudos recentes sobre as origens do cristianismo. Mais ainda, o evangelho de Maria Madalena, descoberto em Akimin, antiga Penápolis, também no Alto Egito. Com grande probabilidade estamos diante de um texto fundador do cristianismo.[10]

O evangelho de Maria Madalena chegou até nós por meio de dois fragmentos gregos datados, provavelmente, do ano 150 da E.C., e de sua cópia para o copta saídico (língua usada no Egito), no século V. O texto copta está organizado em forma de páginas, faltando os números 1 a 6 e 11 a 14. É a partir dele que faremos a interpretação.

Existem diferenças entre esses dois textos. O grego é mais curto e não acentua a polêmica em torno da liderança da mulher Maria Madalena.

Contrário aos evangelhos sinóticos, os quais, a partir do relato da paixão, morte e ressurreição de Jesus, relatam a infância e a missão de Jesus, o gênero literário do evangelho de Maria Madalena corresponde ao que chamamos de ditos e sentenças.

---

[9] Cf. MERESKOVSKIJ, *Morte e ressurreição*, citado por Lilia Sebastiani, *Maria Madalena: de personagem do evangelho a pecadora redimida*, Petrópolis, Vozes, 1995, p. 211.

[10] Cf. LELOUP, Jean-Yves. *O evangelho de Maria*: Miriam de Mágdala. Petrópolis, Vozes, 1998. p. 9. As reflexões que seguem devem-se e muito ao modo de interpretar o evangelho de Míriam de Mágdala proposto por esse polêmico pensador.

Postulamos em nossa interpretação que o objetivo desse evangelho seria o de reagir contra a institucionalização do cristianismo na linha hierárquica e masculina. E foi por isso que Míriam de Mágdala e sua comunidade procuraram interpretar a mensagem do Mestre Jesus de modo integrador. Jesus esteve sempre próximo das mulheres, dos pecadores e dos enfermos. Os evangelhos canônicos não negaram essa postura de Jesus, mas, por outro lado, minimizaram a liderança de mulheres apóstolas e discípulas de Jesus, como Maria Madalena. As discussões teológicas entre Maria Madalena, Pedro, Levi e André sobre a pessoa de Jesus e a missão transmitida por ele a Maria Madalena trazem novidades que a tradição achou por bem deixar de lado. Vamos ler e interpretar o evangelho de Maria Madalena tendo em vista o diálogo com esses textos primitivos que muito nos iluminam a reflexão hodierna sobre espiritualidade e gênero. Apresentaremos uma passagem do evangelho e seu comentário.

MM 7,1-10: a matéria e suas origens espirituais

¹[...] "O que é a matéria? [11]
²Ela durará sempre?"
³O Mestre respondeu:
⁴"Tudo o que nasceu, tudo o que foi criado,
⁵todos os elementos da natureza
⁶estão estreitamente ligados e unidos entre si.
⁷Tudo o que é composto se decomporá;
⁸Tudo retornará às suas raízes:
⁹A matéria retornará às origens da matéria.
¹⁰Que aquele que tem ouvidos para ouvir, ouça".

---

[11] Seguimos literalmente a tradução de Jean-Yves Leloup, em *O evangelho de Maria: Míriam de Mágdala*, cit.

É uma pena não termos as páginas anteriores. Por outro lado, vale a ousadia de entrar no texto de MM com as perguntas: O que é a *matéria*? Ela durará sempre? Quem fez essas perguntas? Maria Madalena? O que ficou perdido no tempo, deixemos também como pergunta ainda sem resposta.

Conforme os versos seguintes, é Maria Madalena quem está repassando os ensinamentos do Mestre para os apóstolos. Perguntar é já a arte de aprender. Quem pergunta já sabe a resposta, diz a sabedoria popular. Perguntar pela durabilidade da matéria é afirmar que ela não é eterna. Tudo passa, tudo passará. Não existe nada de novo debaixo do céu, já dizia o autor de Eclesiastes (1,9).

O *Mestre* respondeu. O mestre é aquele que pergunta e responde, mas que também deixa o aprendiz encontrar a sua resposta. No judaísmo temos o pai espiritual, o mestre, e o pai carnal. Mais vale o pai espiritual, pois esse conduz o discípulo para a vida em Deus. Ele é o mestre. Jesus aqui é chamado de mestre. Segundo o testemunho da comunidade joanina (Jo 20,16), Maria Madalena chamou Jesus de *Rabbuni,* que em hebraico quer dizer: *meu Mestre*. E poderíamos acrescentar: *amado*, pois Rabbuni era o modo como a mulher chamava o seu marido. Assim, chamar alguém de "meu mestre" era já afirmar um carinho especial por ele. No mundo antigo temos escolas em torno de mestres, os quais, no judaísmo, eram chamados de rabino. Jesus foi um rabino e ensinava como um deles. Muitos de seus ensinamentos são também encontrados em textos dos mestres do judaísmo, como, por exemplo, Hillel, o qual, possivelmente, Jesus conhecera pessoalmente. O mestre, no texto de MM, é aquele que nos tira da ignorância, reconduzindo-nos ao caminho do sagrado.

Tudo o que nasceu... ligados entre si. O mestre ensina que na natureza tudo está ligado entre si. Nada vive separado. Todos dependem de todos. Em nossos dias assistimos a uma degradação rápida da natureza. Sentimos a ameaça da falta de água e energia elétrica. Não estaria na hora de pensar e agir cosmocentricamente?

Ou, quem sabe, nada de centro, mas de integração entre ser humano e cosmo. Como no mito do dilúvio, ser humano e natureza se salvam juntos. Urge "re-humanizar o humano e re-habitar a terra. Isso só será possível quando homens, animais e natureza voltarem a viver em harmonia".[12] Retornar à origem, isto é, voltar para Deus.

Tudo o que é composto se decomporá. Nada é eterno. Somente Deus permanecerá para sempre. Nada que seja composto é absoluto. Nisso reside a origem de muitos dos nossos sofrimentos. Achamos que as pessoas e seus modos de proceder e pensar são absolutos. Uma opinião será sempre uma opinião, mesmo que passe a ser uma decisão. Pode demorar dias, até anos, para que a conclusão chegue e outra opinião seja formada: Não é que eu estava equivocado? Não é que eu estava certo? O Mestre, em MM, nos ensina a não absolutizar o relativo e a não relativizar o absoluto. Libertar-se desse modo de agir confere-nos a liberdade do ser.

Tudo retornará às suas raízes: a matéria retornará às origens da matéria. Voltar às raízes significa voltar ao princípio de cada ser, na sua dignidade de filho e filha de Deus. Jesus é raiz no evangelho de MM. Ele tudo integra. Ele, o ressuscitado, é o princípio e o fim de tudo e de todos. Viver nele é o mesmo que encontrar a dignidade perdida.

Que aquele que tem ouvidos para ouvir, ouça. A fala do Mestre, como nos evangelhos sinóticos, é enigmática. Quem tem ouvidos para ouvir, ouça. E quem tem ouvidos, mas não sabe ouvir, que aprenda. Ouvir não é fácil. Tem gente que pensa que ouve, mas não ouve. Ouvir exige uma disposição para tal. À diferença dos judeocristãos que também precisaram ver o Jesus ressuscitado e seus milagres, Israel se pautou pelo ouvir. Qual israelita não conhece o *Shemá Israel* (Ouve, ó Israel)? *Shemá* significa ouvir e ouvir é o mesmo que interpretar a Torá oral e escrita. A *Torá* sem ser comentada é morta. É

---

[12] FARIA, Jacir de Freitas. O mito do dilúvio contado pelos maxakalis, israelitas e babilônios; no conto um projeto que salva a terra, água, animais e seres humanos, *Estudos Bíblicos*. São Paulo, Paulus, n. 68, p. 41.

um texto de vida. O segredo, ao comentar a *Torá escrita*, está em ligá-la com a *Torá oral*. As homilias, pregações ou sermões em nossas igrejas deveriam seguir esse princípio judaico de interpretação. Portanto, a homilia bem-feita é a que está em sintonia com a vida. Os judeus chamam homilia de *Midrashe*. O método usado por Jesus para falar da presença de Deus foi esse. Ele sempre falava com base na vida. Parábolas de cunho rural não faltaram nas suas pregações. Quem ouve bem as palavras do Mestre sabe que o seu compromisso é o de amar a Deus Um com todo o seu coração, ser e posses.[13]

MM 7,11-28: o pecado não existe

[11]Pedro lhe diz: "Já que tu te fazes o intérprete
[12]dos elementos e dos acontecimentos do mundo, dize-nos:
[13]O que é o pecado no mundo?"
[14]O Mestre diz:
[15]"Não há pecado.
[16]Sois vós que fazeis existir o pecado
[17]quando agis conforme os hábitos
[18]de vossa natureza adúltera:
[19]aí está o pecado.
[20]Eis por que o Bem veio entre vós;
[21]ele participou dos elementos de vossa natureza
[22]a fim de reuni-la a suas raízes."
[23]Ele continuou e disse:
[24]"Eis por que estais doentes
[25]e por que morreis:
[26]é a conseqüência de vossos atos:
[27]vós fazeis o que vos afasta...
[28]Quem puder, compreenda".

---

[13] Cf., nesse sentido, o nosso comentário a Dt 4,6-9 em: "A releitura do Shemá nos Evangelhos e Atos dos Apóstolos", *Ribla*, Petrópolis, Vozes, n. 40, 2001.

Pedro lhe diz: "Já que tu te fazes o intérprete"... Pedro ou Simão Pedro, conforme os sinóticos, entra em cena de forma irônica. Simão deriva de *Shemá*. Dizer Simão, Simeão, é o mesmo que dizer "aquele que ouve". O texto anterior dizia: "quem tem ouvidos para ouvir, ouça!". Pedro, aquele que pensa ter ouvido e compreendido a fala de Jesus, parece não ter ouvido direito. Ou terá ouvido de forma equivocada? Pedro afirma que Maria Madalena quer passar por intérprete dos elementos e acontecimentos do mundo. Na verdade, Maria Madalena viveu a experiência do Mestre conhecedor e intérprete dos elementos do mundo. Ele, Pedro, não tem como duvidar disso, mas pergunta: O que é o pecado no mundo? E qual não foi a surpresa de Pedro com a resposta de Maria Madalena.

Não há pecado. Sois vós que fazeis existir o pecado quando agis conforme a vossa natureza adúltera. Estamos diante de um texto controvertido. O pecado existe, afirma a catequese que nossos pais e mães nos ensinaram. Como o evangelho de Maria Madalena ousa afirmar que o Mestre teria dito que o pecado não existe? A natureza divina não tem pecado. E se somos divinos o pecado não deveria fazer parte do nosso ser. No entanto, a nossa natureza tornou-se adúltera e por isso pecadora. O que chamamos de pecado é uma afronta às leis preestabelecidas no interno da sociedade e das instituições religiosas.

Há bem pouco tempo, a Igreja Católica orientava-se em detectar o pecado. Havia listas de pecados. Um fiel sentia-se na obrigação de se confessar sempre. O confessor tinha uma lista de pecados e penitências. Será isso, de fato, passado? Muitas pessoas ficaram marcadas pela obsessão do pecado. A ênfase no pecado faz com que as pessoas percam a dimensão da liberdade, da espontaneidade diante da vida. Nós somos muito mais que o pecado cometido. Não podemos negar o pecado. Mas ele não é só moral e pessoal. Tem também o grande pecado social, estrutural, o qual advém, é claro, do pecado pessoal. Paulo, o judeu que se fez cristão, chamou a atenção para o fato de a "Lei" criar situações de pecado. "Porque sem a Lei o pecado está morto" (Rm 7,8). Maria

Madalena segue esse mesmo tipo de reflexão quando diz que o pecado não existe, mas somos nós que fazemos existir o pecado. Nascemos sem pecado, em estado de graça pura.

Natureza adúltera. A nossa natureza "adúltera" cria o pecado. Adúltero não tem conotação sexual, mas está relacionado com a idolatria. Adorar algo que não existe. Leloup diz que "o drama do mundo contemporâneo ou drama do pecado é absolutizar o relativo e relativizar o Absoluto".[14] Adulterar é deformar. Jesus dizia que o modo de olhar pode adulterar a realidade. O absolutizar o pecado é um modo de cometer adultério. O desafio hoje é distinguir o absoluto do relativo.

Aí está o pecado. O pecado não existe, mas se eu afirmo que ele existe e ajo de modo a fazer com que ele exista, o pecado se torna absoluto. Por outro lado, se o meu modo de ser é de liberdade e responsabilidade, o pecado se torna relativo e ele não me escraviza. Há de se considerar que esse modo de pensar não quer, de modo algum, legitimar o grande pecado social do nosso tempo. Mas, pelo contrário, ressaltar que se o nosso proceder fosse diferente, não haveria lugar para pecados, sejam eles sociais ou pessoais.

Eis por que o Bem veio entre vós. O Bem, para Maria Madalena, é Jesus, personificação da Torá, o Bem do judaísmo. Jesus veio ao nosso meio para nos resgatar de nossa natureza adúltera. Mas sua vinda não é simplesmente conseqüência da "feliz culpa de Adão". Adão é todo ser humano que carrega dentro de si o germe da infidelidade ao projeto libertador de Deus. O Bem veio entre nós para nos devolver a integridade do UM.

Ele participou dos elementos de vossa natureza. O Bem tem sua origem no tempo de Deus, chamado cósmico, isto é, infinito, ilimitado e eterno. Desse tempo que não passa, o Bem veio ao nosso tempo, chamado cronológico, isto é, finito e limitado. O evangelho de João, próximo ao ensinamento da comunidade de

---

[14] Cf. LELOUP, Jean-Yves. *O evangelho de Maria...*, cit., p. 52.

Maria Madalena, disse o mesmo ao afirmar que "no princípio era a Palavra... E a Palavra se fez carne e veio morar entre nós. Nós vimos a sua glória [presença]" (Jo 1,1.14).

A fim de reuni-la a suas raízes. Voltar às nossas raízes significa voltar ao sagrado. Jesus cumpriu seu papel de reunir todos nós em torno do Deus eterno, infinito, ilimitado: tempo que não passa mais. Para os judeus, voltar às raízes é manter-se unido em torno da Torá. Basta viver a Torá para estar no caminho do Bem.

Eis por que estais doentes e por que morreis: é a conseqüência de vossos atos. Adoecer e morrer são conseqüências de nossa ignorância, do nosso não-conhecimento de Deus e de seu projeto libertador. Quem caminha em Deus não fica doente nem morre. A doença é a expressão de nossa falta de harmonia. Um corpo desarmônico está doente. E quantas são as doenças de origem psicológica? São simples somatizações de questões malresolvidas. Quanta gente "mal-amada" está sempre dissimulando doenças? Tomar conhecimento dessa situação é já se libertar do sofrimento.

Vós fazeis o que vos afasta... E poderíamos acrescentar *vos afasta* do centro. Como humanos integrados ao cosmo, vivemos em harmonia. Imagine, dentro de um círculo, os quatro pontos cardeais ou os quatro ventos apontando para o centro. Assim somos nós quando estamos de bem com a vida. Reina o equilíbrio, a harmonia. Tudo se volta para o centro.

Por outro lado, quando a vida não está em harmonia, ela está doente, está dividida. O diabo (aquele que divide) entrou em ação. Nossas ações tornam-se injustas. Se o nosso ser não estiver saudável, com certeza influenciaremos negativamente as pessoas com as quais convivemos. Somos fruto do nosso modo de agir, pensar e relacionar. É desafio para cada um de nós permanecer íntegro, fazendo sempre o caminho em direção ao centro. Permanecer no centro. Eis a tarefa cotidiana, árdua e difícil, de quem quer encontrar a realização do seu ser. Vale a pena a busca. Um tesouro será encontrado.

Quem puder, compreenda. O Mestre sabe que nem todos são capazes de compreender tamanho mistério. Ele deixa a liberdade de opção para o ouvinte. Será que Pedro compreendeu a resposta do Mestre?

MM 8,1-10: "Estejais em harmonia"

¹ O apego à matéria
² gera uma paixão contra a natureza.
³ É então que nasce a perturbação em todo o corpo;
⁴ é por isso que eu vos digo:
⁵ "Estejais em harmonia..."
⁶ Se sois desregrados,
⁷ inspirai-vos em representações
⁸ de vossa verdadeira natureza.
⁹ Que aquele que tem ouvidos
¹⁰ para ouvir, ouça.

O apego à matéria. Somos levados a pensar que matéria é tudo aquilo que é um bem material. Estamos corretos. No entanto, matéria é também uma pessoa. Posso fazer de uma pessoa um objeto a ser possuído e explorado. Jesus, no seu tempo, disse que a mulher do próximo não podia ser cobiçada. Caso Jesus vivesse em nossos dias, ele teria inúmeros exemplos advindos do neoliberalismo. O trabalhador, para não ir muito longe, é um objeto valioso nas mãos de qualquer empresário. Os bens materiais que nos cercam são bons. Quisera todos, homens e mulheres, pudessem ter acesso a eles. O prazer de possuir um bem é sadio. Faz parte do ser humano poder deleitar-se com os bens criados por ele mesmo. Imagino as dificuldades de um doutorando da década de 1980 que não tinha à sua disposição um computador. Quanto trabalho para produzir sem os benefícios da era da internet.

No evangelho de Maria Madalena, o Mestre parece que não denuncia o fato de possuir bens, como muitos já quiseram interpretar. Jesus denuncia, sim, o modo como as pessoas se relacionam com as coisas materiais. Eu posso ter e ser livre diante dos bens. O problema está no apego, na absolutização das coisas. A matéria não é absoluta. Matéria por matéria será sempre matéria. A um sopro ela deixa de existir.

Gera uma paixão contra a natureza. Muitos pensam que a felicidade está em ter um carro zero. Adquire-se o carro, mas a felicidade não vem junto. A felicidade é algo mais profundo. Ela está dentro de cada um de nós. Muitos vivem na eterna ilusão do possuir. Basta o necessário. Da paixão incontrolável pelos bens nasce a miséria, a fome, o sem-terra, os meninos de rua etc. Dessa constatação nasce o conselho do Mestre.

Estejais em harmonia... A harmonia é a capacidade de amar todos os seres do cosmo pelo que eles são, e não pelo desejo de possuí-los.

Ultimamente assistimos ao grito da água. Antes, a terra já clamava em soluços. Todo esse desequilíbrio cósmico é fruto do modo como sempre tratamos terra e água. Estas sempre foram vistas como objetos de exploração, e não como parte integrante do nosso corpo cósmico. Perdemos a harmonia interna e externa. Um irmão mata o seu irmão, já denunciara o autor bíblico. Caim matou Abel. Quantos Abéis continuam morrendo porque os deuses Cains arvoram-se do direito de ter e dominar. O mundo carece de liberdade. Viver em harmonia não é fácil. Muitos morrem sem conhecer a sabedoria, isto é, a harmonia. Mas quem a encontra, acha um tesouro e não a quer deixar nunca mais.

Se sois desregrados, inspirai-vos em representações de vossa verdadeira natureza. As representações são as aparências, as ilusões. O *status* social é a pior das ilusões. Quem não busca o verdadeiro, vive de representações. Por outro lado, quem não está em harmonia é convidado pelo Mestre a se inspirar nas verdadeiras representações da natureza, a buscar e experimentar o divino que mora dentro de cada um de nós, Deus.

MM 8,11-24: quem caminha é um bem-aventurado, um ser de paz

¹¹ Após ter dito aquilo, o Bem-aventurado
¹² saudou-os a todos, dizendo:
¹³ "Paz a vós — que minha Paz
¹⁴ seja gerada e se complete em vós!
¹⁵ Velai para que ninguém vos engane
¹⁶ dizendo:
¹⁷ 'Ei-lo aqui.
¹⁸ Ei-lo lá'.
¹⁹ Porque é em vosso interior
²⁰ que está o Filho do Homem;
²¹ ide a ele:
²² aqueles que o procuram o encontram
²³ em marcha!
²⁴ Anunciai o evangelho do Reino".

O Bem-aventurado. O evangelho de Maria Madalena chama Jesus de Bem-aventurado. Chamar alguém de bem-aventurado é o mesmo que lhe conferir dignidade. O evangelho de Mateus diz que Jesus pregou as bem-aventuranças. O livro dos Salmos começa dizendo: "Bem-aventurado o ser humano que não vai ao conselho dos ímpios" [...]. Francisco de Assis chamava a Deus de Altíssimo e Sumo Bem. Jesus é o Mestre amado e, por isso, Bem-Aventurado. Ele traz dentro de si a essência do bem, a harmonia divina. Dele emana a bondade e, por isso, ele pode saudar a todos dizendo: "Paz a vós".

Paz a vós. O que é a paz? Paz se diz em hebraico *shalom*, o qual, por sua vez, tem origem no verbo *shlm* que, no tempo verbal *piel*, significa pagar, devolver, ressarcir, indenizar, conservar. Da mesma raiz, o adjetivo *shalem* significa estar completo, inteiro. Pagar, em hebraico, tem o sentido de completar o valor justo. É uma forma simbólica de completar o vazio deixado pelo objeto tirado. Quem compra e não paga mutila o outro. Quando a Igreja

Católica propõe no ano jubilar o perdão das dívidas, ela nos convoca a agir de modo que o nosso próximo volte a ser inteiro, completo. Para muitos, paz é tranqüilidade, bem-estar social, momentos passageiros de alegria. O que não deixa de ser verdade. Mas paz é muito mais do que isso. Paz é um eterno estar em harmonia com Deus, o outro e o universo. Os judeus acreditam que o Messias só virá quando a justiça social estiver implantada em nosso meio. Jerusalém, a cidade (*Yeru*) da paz (*Shalem*), é protótipo desse sonho, dessa esperança. Jerusalém, em hebraico, se escreve, na verdade, *Ierushalaim*. Duas vezes aparece o *i* (em hebraico, *yod*), e na segunda vez ele não é pronunciado, pois representa o nome de Deus, *Iahweh*. Os outros povos, não compreendendo o significado do *i* no nome dessa cidade santa, traduziram o seu nome para Jerusalém. O *yod* representa, para o semita, a esperança. E é nesse contexto que podemos entender a fala de Jesus: "Nem um *i* sequer será tirado da Lei" (Mt 5,18). A esperança de paz, de voltar ao tempo de Deus, jamais acabará para quem sabe esperar. Jesus pôde dizer *Paz a vós*, pois ele é a paz. A sua presença já é paz e esperança. "Paz de Cristo!", dizem os cristãos católicos ao se cumprimentarem durante a celebração da eucaristia. A expressão "Paz de Cristo" reúne os elementos do ser completo, da harmonia e, mais do que isso, da presença duradoura de Deus transmitida por Jesus aos seus.

Que minha paz seja gerada e se complete em vós! A paz só será possível se nos empenharmos no seu caminho. Encontrar a paz exige constância nos caminhos de Deus. Enquanto houver injustiça social, a paz não será possível. Gerar a paz significa lutar contra toda e qualquer discriminação, ser arauto da paz e do bem. A paz não se compra nem se vende, se conquista. Há quem nasça e morra sem paz. Há quem crie situações de não-paz. E há também os que deixam a paz ser completada dentro deles.

Velai para que ninguém vos engane. O Mestre nos convida a estar atentos àqueles que roubam a paz ou vendem a falsa paz. Enganar é o mesmo que tirar do centro, da situação de harmonia. Quantos, em nome de Jesus, pregam uma falsa paz e um falso Jesus. E quantos os seguem! Cuidado ao ouvirem: "Ei-lo aqui. Ei-lo lá".

Ei-lo aqui. Ei-lo lá. O Mestre não está aqui nem lá. "Se então alguém vos disser: 'O Cristo está aqui!', ou: 'Ele está ali!', não acrediteis" (Mt 24,23). Ele está no seu interior. E é a ele que devemos procurar. E quem o procura, o encontra. "Procurai e encontrareis" (Mt 7,7). Ide a ele. "Se alguém quer vir após mim, renuncie a si mesmo, tome sua cruz e siga-me" (Mt 16,24). São essas as palavras de Jesus.

Em marcha. Só quem se coloca na dinâmica do Mestre pode manter-se no caminho. Só quem está no centro se põe a caminho. O caminho se faz caminhando, dizem os poetas. O caminho é sempre uma marcha que não pára nunca. No caminho sempre se anuncia: encontrei o ressuscitado, encontrei o caminho que não tem retorno, o caminho sem volta. Ser um bem-aventurado é estar em marcha. O santo é um bem-aventurado porque caminhou, entrou pelo Reino.

A vida é sempre uma marcha. Ai de nós se não soubermos caminhar. Ai daqueles que perdem o bonde da história. Tudo passa rápido. O que é hoje, amanhã não será. O *em marcha* de Jesus no evangelho de Maria Madalena nos lembra das bem-aventuranças dos evangelhos canônicos.[15] É como se Jesus dissesse: Em marcha os que sofrem, pois serão consolados. Em marcha os que têm sede e fome de justiça, porque serão saciados. Quem *está em marcha* é um *bem-aventurado*, pois está no caminho. E o caminho é, por si só, dinâmico, exige estar de pé, disposto a não parar nunca. O bem-aventurado é aquele que caminha em Deus. Bem-aventurados os pobres que estão no Espírito de Deus. Beato ou bem-aventurado não é uma boa tradução para o substantivo hebraico *ashrê*, melhor seria "em marcha...".

---

[15] Cf. LELOUP, Jean-Yves. *O evangelho de Maria...*, cit., pp. 80-81.

MM 9,1-20: o "beijo" e o "sejamos plenamente humanos" de Maria Madalena

*¹ "Não imponhais nenhuma regra,
² além daquela da qual eu fui o testemunho.
³ Não ajunteis leis às dadas por aquele que vos deu a Torá
⁴ a fim de não vos tornardes seus escravos."
⁵ Tendo dito isto, ele partiu.
⁶ Os discípulos estavam em aflição:
⁷ eles derramaram muitas lágrimas, dizendo:
⁸ "Como ir até os pagãos e anunciar
⁹ o evangelho do Reino do Filho do Homem?
¹⁰ Eles não o pouparam,
¹¹ como eles nos poupariam?"
¹² Então, Maria se levantou.
¹³ Ela os beijou a todos e disse a seus irmãos:
¹⁴ "Não fiqueis pesarosos e indecisos,
¹⁵ porque sua graça vos acompanhará e vos protegerá:
¹⁶ em vez disso louvemos sua grandeza,
¹⁷ porque ele nos preparou.
¹⁸ Ele nos convida a sermos plenamente humanos".
¹⁹ Com estas palavras, Maria voltou seus corações para o Bem;
²⁰ as palavras do Mestre tornaram-se claras para eles.*

Não imponhais nenhuma regra. A regra é o próprio evangelho do Reino. E a ele nada deve ser acrescentado. Não que o Mestre pregasse a superação da Torá (caminho apontado por Moisés), mas ele mesmo viveu e foi essa Presença de Deus no meio dos seus. Basta seguir o caminho ensinado por ele. Tudo pode ser feito: matar, roubar, cometer adultério... mas no caminho de Jesus o *tudo pode* torna-se um *não deve*. E isto basta!

A fim de não vos tornardes seus escravos. Acrescentar algo à Torá é o que nos escraviza, não a Torá. As regras podem adulterar a Torá. O Reino de Deus é um grande mistério. As instituições religiosas fizeram desse mistério um amontoado de regras. As leis devem ser somente uma seta que aponta o caminho. Elas se tornam negativas quando alguém não é capaz de ir além delas. Cada caso é um caso.

Os discípulos estavam em aflição. O Mestre terminou sua fala e partiu. E os discípulos ficaram aflitos. Chegaram a derramar lágrimas diante do fato de terem que ir aos pagãos e anunciar o Evangelho. A aflição dos discípulos era o sinal evidente de que eles não estavam em paz, não tinham compreendido as palavras de Jesus. Não tinham deixado a paz de Cristo ser gerada neles. Estavam com medo dos pagãos. "Esses mataram o Mestre e vão também matar a nós", pensavam. Os discípulos (homens) se mostraram incapazes de enfrentar os pagãos, os impuros. A eles restou somente a aflição, o medo. E foi preciso a ação corajosa de Maria Madalena.

E Maria se levantou e os beijou a todos. Maria Madalena, o feminino de todo discípulo do Reino, se levantou. Estar de pé é a posição do ressuscitado. Ela, que havia compreendido as palavras do Mestre, podia elucidá-las para os discípulos. Maria entrou em cena com o beijo. Conforme testemunho do evangelho de Filipe, "O Senhor amava Maria mais do que a todos os discípulos, e a beijava na boca freqüentemente. Os discípulos viram-no amando Maria e lhe disseram: 'Por que a amas mais que a todos nós?' O Salvador respondeu, dizendo: 'Como é possível que eu não vos ame tanto quanto a ela?'".[16] Muitos, em virtude da formação moral e teológica que receberam, se escandalizam com essas informações. Por que Jesus não poderia ter beijado uma mulher? Não seria normal esse gesto? Compreender o beijo entre Jesus e Maria Madalena é fácil! Basta remontarmos à cultura daquela época. O beijo, em hebraico, significa comunicar o espírito. Por isso é que dizemos que o beijo é, por excelência, o sacramento do amor. Maria Madalena recebia os ensinamentos do Mestre. Eles dois

---

[16] Cf. evangelho de Filipe 63,34–64,5 (tradução de J. E. Ménard e citado por Jean-Yves Leloup, *O evangelho de Maria...*, cit., p. 13).

eram como espíritos unidos pelo amor ao Reino de Deus. Histórias de grandes místicos também têm esses relacionamentos de amor. Francisco e Clara de Assis viveram essa mesma experiência sublime de amor na consagração de suas vidas. Jacó, ao encontrar-se, na beira do poço, com Raquel, a mulher que ele tanto amou e que a tradição a fez mãe do povo judeu, a beijou (Gn 29,11). Não seria a atitude de Madalena uma releitura desse fato? Jesus seria o novo Jacó e Madalena, a nova Raquel. Uma mãe, ao ver seu filho chorando, o beija para transmitir conforto, espírito de fortaleza. Jacó comunicou, com o beijo, os bons propósitos que tinha em relação à casa de Labão, pai de Raquel. Maria Madalena, ao beijar os discípulos aflitos, comunica-lhes, com seu gesto, as palavras do Mestre. Maria Madalena faz isso com a corporeidade que liberta e humaniza os discípulos. E Maria não pára aí.

Não fiqueis pesarosos e indecisos. Não tenhais medo, pois a sua graça vos acompanhará e vos protegerá. Graça e beijo são sinônimos de vigor e bênção. O Mestre nos preparou para essa tarefa. É como se Maria Madalena dissesse: é preciso acreditar que somos capazes de realizar o bem proposto pelo Mestre. Ele ressuscitou dentro de nós. Vivamo-lo e louvemo-lo por sua grandeza.

Ele nos convida a sermos plenamente humanos. O convite do Mestre quer nos colocar no caminho da integridade. Ser plenamente humanos, em grego *anthropos*, significa ter o masculino e o feminino integrados em cada um de nós. Ser *anthropos* é viver na síntese dessas duas polaridades presentes em cada um(a) de nós. O masculino não é superior ao feminino, nem o feminino, superior ao masculino, mas ambos, com suas particularidades, se complementam.

Maria voltou seus corações para o bem. O gesto e as palavras de Maria Madalena provocaram nos discípulos uma sensação de bem-estar, de harmonia. E as palavras do Mestre tornaram-se claras para eles. Eles voltaram para o centro. Maria Madalena agiu como mestra. Esse gesto relembra a atitude de

Jesus em relação aos discípulos de Emaús (Lc 24,32). E um testemunho de tamanha envergadura evidencia-nos a importância de Maria Madalena entre os apóstolos. Desse modo, podemos compreender a Maria Madalena sem liderança que os evangelhos canônicos e os Atos dos Apóstolos nos legaram. E esses são atos que os Atos dos Apóstolos não contam.[17]

MM 10,1-25: "onde está o nous aí está o tesouro"

¹ Pedro disse a Maria:
² "Irmã, nós sabemos que o Mestre te amou
³ diferentemente das outras mulheres.
⁴ Diz-nos as palavras que ele te disse,
⁵ das quais tu te lembras
⁶ e das quais nós não tivemos conhecimento..."
⁷ Maria lhes disse:
⁸ "Aquilo que não vos foi dado escutar,
⁹ eu vos anunciarei;
¹⁰ eu tive uma visão do Mestre,
¹¹ e eu lhe disse:
¹² 'Senhor, eu te vejo hoje
¹³ nesta aparição'.
¹⁴ Ele respondeu:
¹⁵ 'Bem-aventurada és tu, Maria, que não te perturbas à minha vista.
¹⁶ Onde está o nous *aí está o tesouro'.*
¹⁷ Então, eu lhe disse:
¹⁸ 'Senhor, no instante, aquele que contempla
¹⁹ tua aparição,
²⁰ é pela psique (alma) que ele vê?
²¹ Ou pelo Pneuma (o Espírito, Sopro)?'

---

[17] Cf. FARIA, Jacir de Freitas et alii. Barreiras vencidas! Portas Abertas! Atos que os Atos não contam. *Por trás das Palavras*, São Leopoldo, CEBI, nn. 169-170, 2002.

²² *O Mestre respondeu:*
²³ *'Nem pela psique nem pelo Pneuma;*
²⁴ *mas o* nous *estando entre os dois,*
²⁵ *é ele que vê e é ele que [...]'".*

Pedro disse a Maria. Pedro, ao falar, representa o cristianismo emergente que começa a institucionalizar-se. Sua fala é carregada de ironia nas expressões: *minha irmã; o Mestre te amou mais do que a nós; ele te revelou coisas que a nós ocultou.* Não estaria aí a ironia da instituição? Pedro parece reconhecer o poder que Maria Madalena tem pela sua afinidade com o Mestre, o que lhe possibilita um conhecimento mais profundo dos seus ensinamentos.

Maria lhes disse. Maria afirma que teve uma visão do Mestre. Ela conhece os segredos do Mestre. Esse tema está também presente no evangelho canônico de Marcos com o nome de "segredo messiânico". Os discípulos não souberam escutar direito o Mestre e, por isso, não tiveram visão. Ver e escutar são dois verbos que aparecem na fala de Maria Madalena. Escutar está muito ligado ao judaísmo. *"Shemá (escuta) ò Israel"* faz parte do programa de vida de um judeu. Escutar é o mesmo que interpretar, tornar viva a Presença de Deus Um. Segundo Dt 6,4-9, a ele se deve amar de todo o coração (razão e sentimento integrados), com toda a alma (ser) e com toda a força (poder aquisitivo). Maria Madalena viu. Ver para crer faz parte do modo de pensar grego, ao qual os cristãos aderem. Eles vêem o milagre de Jesus e nele crêem. Para os judeus, bastava ouvir para crer. E nisso residiam algumas das disputas teológicas entre judeus e cristãos. O ver passa a ser para os cristãos a plenitude do ouvir. Maria Madalena representa esse modo de pensar. Não que Pedro e o grupo dos apóstolos representem o lado contrário, mas aqui estamos diante da disputa que visa saber quem mais compreendeu o Mestre. Pedro e os discípulos não foram capazes de escutar. Maria, com sua fala, anuncia o ensinamento do Mestre. Outra ironia? Maria vê o Mestre em uma aparição e exclama a sua alegria por poder vê-lo. O evangelho de João também registrou a aparição de Jesus a Maria no túmulo. Naquela oportunidade, ele lhe teria tido: "Não podes mais ficar comigo como antes, pois ainda não subi ao Pai, portanto, vá e anuncie aos irmãos que eles também me verão na Galiléia" (Jo 20,17). Qualquer que seja a tradução desse versículo, somos obrigados a reconhecer que talvez nunca saberemos o verdadeiro sentido dessas palavras ditas por Jesus a Maria Madalena. Os estudiosos já propuseram inúmeras interpretações. Todas não muito convincentes. Maria Madalena não poderia tocar no ressuscitado por ser ele de ordem divina, e não terrena. Seria uma explicação plausível. Mas Tomé não foi chamado a tocar no ressuscitado? Ou Tomé, por ser homem, podia tocar em outro homem? A quem diga: Jesus não poderia ser tocado por uma mulher de passado duvidoso. Mas como Maria Madalena não era prostituta, essa explicação não cabe mais. Melhor seria compreender a experiência de Maria Madalena com Jesus na esfera humana e divina. Não é por menos que a comunidade joanina fala que eles se encontraram em um jardim ao lado de um túmulo. O tempo cronológico (dia, mês, ano) quer voltar ao tempo cósmico (eterno, ilimitado, infindável). Antes, porém, Maria Madalena deve cumprir o seu papel de evangelizadora, missionária. Os outros irmãos, pelas mãos e palavras de uma mulher, deverão compreender esse mistério. Jesus teria dito a Maria Madalena: "Você já viu, compreendeu e creu, vá ajudar os irmãos a fazer o mesmo caminho. E bem-aventurada será você eternamente".

E o Mestre lhe respondeu. Bem-aventurada és tu, Maria, que não te perturbas à minha vista. Ser bem-aventurado, como já vimos, significa ser digno, carregar dentro de si a harmonia, o bem-estar em marcha sempre. Por isso, Maria não tinha por que se perturbar. Jesus, o Bem-aventurado, morava dentro dela, era parte integrante do seu ser. E não posso me espantar com algo que é meu.

E o Mestre acrescentou: onde está o NOUS *aí está o tesouro.* O que significa esse *nous*? Lc 12,34 conservou essa fala de Jesus do seguinte modo: "onde estiver o vosso tesouro, aí estará também o vosso coração". Seria o *nous* o tesouro? Para compreender o significado desse *nous* se faz necessário compreender a resposta de Maria.

Então, Maria lhe disse. Maria Madalena pergunta a Jesus pelo modo como se pode vê-lo. Pela *psique* ou pelo *Pneuma*? O Mestre responde que não é por um, nem pelo outro, mas pelo *nous* que está entre a psique e o *Pneuma*. As coisas parecem se complicar ainda mais. Não seria melhor compreender o *nous* como tesouro, isto é, aquilo de mais profundo que cada um de nós tem dentro de si? Sem esforço moral não podemos encontrá-lo. Encontrando-o, ele se torna o nosso *bem querer*, a nossa pérola preciosa. Voltemos, pois, ao tripé *psique, nous* e *Pneuma* e definamo-lo em relação aos conceitos hebraicos correspondentes:

Grego	Hebraico
Psique = Alma	*Nefesh* = Alma
Nous = Espírito humano intermediário que está entre o mundo, a Alma e o Espírito	*Neshamá* = O mais profundo de cada ser humano
Pneuma = Espírito Santo de Deus	*Ruah* = Sopro sagrado que dá vida ao ser humano

Os substantivos gregos correspondem aos hebraicos quando relidos na perspectiva cristã. Nessa mesma linha, vale a pena conferir a antropologia que decorre do evangelho de Maria Madalena. Outras antropologias apareceram na história. Vejamo-las em relação à antropologia da comunidade de Maria Madalena. Podemos falar de quatro possibilidades:[18]

---
[18] Seguimos a síntese de Leloup, *O evangelho de Maria...*, cit., p. 127.

1) CONTEMPORÂNEA Ser humano unidimensional	O ser humano é corpo, matéria que logo se decomporá. Por conseguinte, não existe a alma nem o Espírito Santo. Só vale o corpo e o prazer.
2) CARTESIANA Ser humano bidimensional	O ser humano tem uma alma (*psique*) imortal e um corpo (*soma*) mortal. Não existe o espírito (*nous*) e o Espírito (*Pneuma*). Essa antropologia é dualista.
3) PLATÔNICA OU NEOPLATÔNICA Ser humano tridimensional	O ser humano é composto de corpo (*soma*), alma (*psique*), espírito (*nous*). O *nous*, nesse caso, é um valor supremo que tem a função de libertar o corpo (sensações) e a alma (emoções).
4) MARIA MADALENA Ser humano quaternário	O ser humano é considerado um composto de corpo (*soma*), alma (*psique*), espírito (*nous*) e Espírito (*Pneuma*). O *Pneuma* não é uma realidade propriamente humana, mas é o Espírito Santo que transfigura o corpo, alarga e apazigua a alma, simplifica e esclarece o *nous*. Assim, tornar-se espiritual não significa negar o corpo e recalcar a emoções, mas integrá-las por meio do Espírito Santo (*Pneuma*). O ser humano deve manter o seu espírito (*nous*) sempre alerta, iluminando o seu caminho para não se desviar dos caminhos de Deus.

A ênfase demasiada nas três primeiras antropologias criou seres humanos pecadores e entregues às paixões, bem como almas escravas do corpo e de seus instintos. O evangelho de Maria Madalena nos deixa o desafio de virmos a ser seres humanos que considerem as quatro dimensões da vida. A proposta é atual e intrigante. Em tempos de globalização, ou melhor, de desestruturação do ser humano nos campos político, social, econômico e religioso, urge recriar um ser humano novo, com paixões e desejos integrados nas esferas terrena e divina. Enquanto perdurar a injustiça social, não estaremos integrados. Enquanto perdurar a desarmonia pessoal e relacional, não estaremos integrados.

MM 15,1-25; 16,1-19: o diálogo da alma iluminada de Maria Madalena com os climas

¹ *"Eu não te vi descer,*
² *mas agora eu te vejo subir",*
³ *diz a Cobiça.*
⁴ *"Por que tu mentes, já que fazes parte de mim?"*
⁵ *A Alma respondeu:*
⁶ *"Eu, eu te vi,*
⁷ *tu, tu não me viste.*
⁸ *Tu não me reconheceste;*
⁹ *eu estava contigo como uma vestimenta,*
¹⁰ *e tu não me percebeste".*
¹¹ *Tendo dito isto,*
¹² *ela se foi toda contente.*
¹³ *Depois se apresentou a ela o terceiro clima,*
¹⁴ *chamado Ignorância;*
¹⁵ *Ela interroga a alma, perguntando-lhe:*
¹⁶ *"Aonde vais?*
¹⁷ *Não estavas dominada por uma má inclinação?*
¹⁸ *Sim, tu estavas sem discernimento, e tu estavas em servidão".*
¹⁹ *A Alma disse então:*
²⁰ *"Por que me julgas? Eu não te julguei.*
²¹ *Dominaram-me, eu não dominei;*
²² *não me reconheceram,*
²³ *mas eu, eu reconheci*
²⁴ *que tudo o que é composto se decomporá*
²⁵ *sobre a terra como no céu".*

¹ *Libertada deste terceiro clima, a Alma continua a subir.*
² *Ela se apercebe do quarto clima.*
³ *Este tinha sete manifestações.*
⁴ *A primeira manifestação é a Treva;*
⁵ *a segunda, Cobiça;*
⁶ *a terceira, Ignorância;*

> [7] *a quarta, Inveja mortal;*
> [8] *a quinta, Dominação carnal;*
> [9] *a sexta, Sabedoria bêbada;*
> [10] *a sétima, Sabedoria astuciosa.*
> [11] *Tais são as sete manifestações da Cólera*
> [12] *que oprimem a Alma de perguntas:*
> [13] *"De onde tu vens, homicida?*
> [14] *Para onde vais, vagabunda?"*
> [15] *A Alma respondeu:*
> [16] *"Aquele que me oprimia foi condenado à morte;*
> [17] *aquele que me aprisionava não existe mais;*
> [18] *minha cobiça então se apaziguou*
> [19] *e eu fui livrada de minha ignorância".*

Infelizmente não temos as páginas 11 a 14 do evangelho de Maria Madalena. O versículo 25 da página 10, ao terminar com a expressão: "é ele que vê e é ele que..." deixa um mistério. O que mais faria o *nous*? Não sabemos. Ele muito realizaria... O desejo de saber o que vem depois também é saudável. Quando, no céu, encontrarmos com Maria Madalena, ela certamente terá muito a nos dizer sobre essas páginas de seu evangelho arrancadas pelo tempo. Continuemos a tarefa de interpretar o seu evangelho a partir do diálogo de sua alma com os climas, a começar pela cobiça.

A cobiça é considerada o segundo clima ou potência, força, energia, autoridade, pelo qual a Alma tem que passar para atingir o Repouso, o Silêncio (17,6). O evangelho fala de quatro climas, sendo o quarto a cólera com seus sete estágios ou manifestações. Qual seria o primeiro clima? Não o sabemos. Os climas são:

2 – Cobiça
3 – Ignorância
4 – Cólera

As sete manifestações da cólera são:

1 – Treva
2 – Cobiça
3 – Ignorância
4 – Inveja
5 – Dominação carnal
6 – Sabedoria bêbada
7 – Sabedoria astuciosa

Notórios são os sete pecados capitais que impedem o cristão de chegar à plenitude. São eles:

1 – Gula
2 – Fornicação
3 – Avareza
4 – Preguiça
5 – Cólera
6 – Vanglória
7 – Orgulho

Não seriam esses os sete demônios (Lc 8,2), climas ou pecados dos quais os evangelhos canônicos afirmam que Maria Madalena foi libertada por Jesus?

O diálogo entre a alma de Maria Madalena e os climas mostra o caminho trilhado por ela para se libertar.

ALMA x COBIÇA

Cobiça é o desejo de se apropriar, possuir, que cada ser humano carrega dentro de si. O ter é a obsessão de muitos. E quantos não são escravos do seu patrimônio? Pelo simples medo de serem roubados, perdem noites a fio de sono. Suas casas têm cercas elétricas, guardas, cães etc. Os bens são o próprio cativeiro que os impede de viverem felizes. A bem da verdade, bens em exagero são frutos da exploração. Ninguém luta tanto na vida a ponto de acumular fortunas. Quem vive por cobiçar bens não é livre. Vira obsessão esnobar os bens. O sangue das veias corre em direção ao ter sempre mais. Não basta o suficiente para a vida. Isso se chama cobiça no evangelho de Maria Madalena. Ela age como uma vestimenta da alma. A cobiça precisa acusar alguém para se justificar. A alma de Maria Madalena, iluminada pelo *nous*, passa ilesa pela cobiça. Não se deixa iludir por ela.

ALMA x IGNORÂNCIA

No trajeto da alma, Maria Madalena encontra-se com a ignorância. Muitos preferem viver na ignorância. Isso faz bem. Saber implica responsabilidade e compromisso. No evangelho de Maria Madalena, ela faz perguntas: "Aonde vais?" As perguntas na boca da Ignorância são um modo de ironizar a si própria. Quem é ignorante ainda faz perguntas, crê-se sábio. Muitos de nossos dirigentes políticos acham que sabem governar. Chegam a justificar seus atos dizendo que é normal o modo como agem. O que é pior: perderam a sensibilidade diante da miséria que eles mesmos criaram.

A alma de Maria Madalena tudo sabe. Ela viveu próxima do Mestre. Com ele conversou e aprendeu. Maria Madalena, a sábia, é uma ameaça para todos que a cercam. Ela é lúcida. Conhece o que faz. "Dominaram-me, eu não dominei", responde Maria Madalena. Isso significa dizer: "Não fiz conchavos; não entrei no jogo sujo; tive consciência de que devia agir com justiça". O grande pecado de Maria Madalena foi o saber. A mulher não tinha obrigação nem direito de aprender. Bastava o cuidado com a casa, os filhos e o marido.

ALMA x INVEJA MORTAL

Inveja mortal é sinônimo de ciúme homicida. Um invejoso não se dá conta de seus atos. Ele tudo quer. A alma de Maria Madalena ensina que o outro não é coisa para ser invejada, possuída.

O que vale entre os filhos de Deus é a partilha. A inveja pode levar à morte. Quem é invejoso, mesmo que respire oxigênio, é um morto vivo.

ALMA x DOMINAÇÃO CARNAL

A dominação carnal consiste em viver segundo a carne, sob seus impulsos. A alma de Maria Madalena vence a carne e nos convoca a libertar-nos dela.

ALMA x SABEDORIA BÊBADA E ASTUCIOSA

A literatura sapiencial de Israel desenvolveu a concepção de sabedoria como personificação da Torá. Com essa sabedoria era sempre apresentada ao jovem a falsa sabedoria, aquela que tirava as pessoas do caminho de Deus.

A alma de Maria Madalena compreendeu Jesus como a única Sabedoria que morava dentro dela, propiciando-lhe a verdadeira harmonia. Para ela, a falsa sabedoria não tinha vez nem voz.

Passando por todos esses climas, Maria Madalena mostrou-se firme. Ela estava plena do *nous* e do *Pneuma* e, por isso, não era vagabunda, como quiseram lhe nomear os climas. Ela sabia aonde ia. Ela chegou à dimensão do espiritual por inteiro.

MM 17,1-20: a preferida do Mestre volta para o tempo de Deus

[1] "Eu saí do mundo graças a um outro mundo;
[2] uma representação se apagou
[3] graças a uma representação mais elevada.
[4] De agora em diante eu vou para o Repouso
[5] onde o tempo repousa na Eternidade do tempo.
[6] Eu vou para o Silêncio."

⁷ Depois de ter dito isso, Maria se calou.
⁸ Era assim que o Mestre conversava com ela.
⁹ André, então, tomou a palavra e dirigiu-se a seus irmãos:
¹⁰ "O que pensais vós do que ela acaba de contar?
¹¹ De minha parte, eu não acredito
¹² que o Mestre tenha falado assim;
¹³ estes pensamentos diferem daqueles que nós conhecemos".
¹⁴ Pedro ajuntou:
¹⁵ "Será possível que o Mestre tenha conversado
¹⁶ assim, com uma mulher,
¹⁷ sobre segredos que nós mesmos ignoramos?
¹⁸ Devemos mudar nossos hábitos;
¹⁹ escutarmos todos esta mulher?
²⁰ Será que ele verdadeiramente a escolheu e a preferiu a nós?"

A página 17 do nosso evangelho descreve o percurso final da alma agraciada de Maria Madalena. Várias de suas atitudes são sinais da lucidez de um ser pleno de Deus. Algumas delas destacamos a seguir.

Eu saí do mundo. Sair é uma experiência própria do ser humano. Saímos de uma etapa da vida e passamos para outra. Quem não aprende a sair nunca atingirá a sabedoria. A cada saída somos chamados a mudar de postura. As coisas parecem não mudar, mas eu posso mudar o modo como as vejo. Mudo o olhar, mudam as coisas e as pessoas. A alma de Maria Madalena foi capaz de sair do mundo cronológico graças ao mundo cósmico, no qual seu ser estava integrado por meio do *nous* e do *Pneuma*. Maria entrou no tempo cósmico, o tempo de Deus. O tempo sem ocaso, infinito, eterno e ilimitado.

Eu vou para o Silêncio. Eu vou para o Repouso, para o seio de Deus, lugar do eterno Silêncio e do não-tempo. Quem atinge esse estágio, como Maria Madalena, alcança Deus. E aí nada mais é preciso dizer. Basta viver a plenitude.

Maria se calou. O calar pode ser explicado de dois modos. No estágio da discussão, os ensinamentos de Maria Madalena já eram suficientes. Ela não mais precisava falar. Bastava! Tudo já havia sido dito. Não são necessárias muitas palavras para explicar o inexplicável. Quem tivesse ouvido já teria compreendido. E o silêncio já teria sido alcançado. Os apóstolos parecem não ter compreendido o ensinamento.

Um segundo entendimento para *Maria se calou* poderia ser que alguém a tivesse calado. Quem a calou? O grupo dos apóstolos? Maria Madalena pode representar uma comunidade que foi calada pelo grupo hegemônico dentro das comunidades cristãs. A comunidade de João quase foi calada. Por pouco seus escritos não entraram no cânon dos livros "inspirados". João, o discípulo amado, não seria Maria Madalena, a discípula amada? A comunidade de João não seria a de Maria Madalena? Essas são hipóteses plausíveis que surgem a partir do confronto entre os apóstolos e Maria Madalena, tão claro no evangelho de Maria Madalena. O primeiro a reagir é André.

André tomou a palavra. André, substantivo grego que significa "aquele que é maduro, humano, perfeito", por ironia do seu nome, é o primeiro que toma a palavra para dizer que Maria teria mentido. Jesus, segundo as informações dos evangelhos canônicos, falava por parábolas. Maria Madalena era portadora de segredos revelados pelo Mestre. Por isso, é compreensível a reação de André. O pensamento dessa mulher difere do nosso, afirma ele. André tem razão. O pensamento de Maria é profundo, não se preocupa com regras, é livre. Um apóstolo entra na parada — Pedro — e reforça a posição adversa de André às mulheres.

Pedro ajuntou. Pedro, também chamado Simão nos evangelhos canônicos, cujo nome significa "aquele que ouve", foi mais violento com Maria Madalena. Pedro põe em evidência o ciúme que existia entre eles, os apóstolos, por causa da predileção de Jesus por Maria Madalena. Por outro lado, eles não suportariam que uma mulher tivesse a primazia na comunidade. Pedro, certa vez, dirigiu essas palavras a Jesus: "Meu Senhor, nós não podemos mais suportar esta mulher, pois nos tira a oportunidade; ela não deixa falar ninguém de nós, mas é sempre ela a falar. Meu Senhor, que as mulheres cessem, afinal, de perguntar, de modo que possamos também nós perguntar".[19] E como não bastassem o ciúme e a disputa de liderança entre Pedro e Maria Madalena, ele também foi considerado misógino, isto é, averso às mulheres, em alguns textos "apócrifos". "Nosso irmão Pedro fugia de todo lugar onde encontrava mulher. Mais ainda, um escândalo ocorrendo por causa de sua própria filha, ele rezou ao Senhor e o lado de sua filha ficou paralisado, para que ninguém se deitasse com ela." [20] Maria Madalena uma vez disse a Jesus: "Por isso, eu tenho medo de Pedro: ele costuma ameaçar-me e odeia o nosso sexo".[21] Considerando esses testemunhos sobre Pedro, talvez possamos entender o fato de os evangelhos canônicos relatarem muitas vezes Pedro junto a mulheres, como, por exemplo, de sua sogra, e o fato de ter negado Jesus perante uma mulher, a criada da casa do sumo sacerdote Caifás (Jo 18,17).

Devemos mudar nossos hábitos? A pergunta de Pedro significa: devemos conceder autoridade às mulheres? Devemos mudar os nossos hábitos culturais?

Será que ele verdadeiramente a escolheu e a preferiu a nós?
A pergunta de Pedro revela duas coisas:

a) é normal Jesus ter preferido uma mulher. Pedro e André não entendem que a predileção de Jesus por Maria Madalena não os descarta. Mais tarde, a instituição Igreja Católica é que vai dizer que mulher não fará parte do mistério ordenado.

---

[19] ANT I/1, 413; 513, citado por Lilia Sebastiani em *Maria Madalena: de personagem do evangelho a mito de pecadora redimida*, Petrópolis, Vozes, 1995, p. 69.

[20] Cf. Ac Ph, 142, versão citada por Jean-Yves Leloup em *O evangelho de Maria...*, cit., p. 169.

[21] Cf. ANT I/1, 447, citado por Lilia Sebastiani em *Maria Madalena...*, cit., p. 61.

b) Pedro não está preparado para o casamento do masculino e feminino dentro de si. O ciúme o atravanca. Deus nos livre desse Pedro!

MM 18,1-21: "Meu irmão Pedro, que é que tu tens na cabeça?"

¹ *Então Maria chorou.*
² *Ela disse a Pedro:*
³ *"Meu irmão Pedro, que é que tu tens na cabeça?*
⁴ *Crês que eu sozinha, na minha imaginação,*
⁵ *inventei esta visão,*
⁶ *ou que a propósito de nosso Mestre, eu disse mentiras?"*
⁷ *Levi tomou a palavra:*
⁸ *"Pedro, tu sempre foste um irascível;*
⁹ *vejo-te agora encarniçar contra a mulher,*
¹⁰ *como o fazem nossos adversários.*
¹¹ *Pois bem! Se o Mestre tornou-a digna,*
¹² *quem és tu para rejeitá-la?*
¹³ *Seguramente, o Mestre a conhece muito bem...*
¹⁴ *Ele a amou mais que a nós.*
¹⁵ *Arrependamo-nos,*
¹⁶ *e nos tornemos o ser humano* (anthropos) *em sua inteireza;*
¹⁷ *deixemo-lo lançar raízes em nós*
¹⁸ *e crescer como ele pediu.*
¹⁹ *Partamos a anunciar o Evangelho*
²⁰ *sem procurar estabelecer outras regras e outras leis*
²¹ *afora aquela da qual ele foi testemunha".*

E Maria chorou. No choro de Maria Madalena está a comunidade que chora por não ser compreendida no seu modo de seguir o Mestre. Maria chora de tristeza. Indignada, ela diz a Pedro:

Meu irmão, o que tu tens na cabeça? Para Maria Madalena, Pedro é um irmão de caminhada. Pedro não é chefe para ela. Pedro parece não compreender a profundidade da fala de Maria. Ele tem dúvidas. Para Pedro, Maria está alucinada. Ela cria imagens, ela mente. No mundo semita, alguém ser acusado de mentiroso é muito grave.

Em defesa de Maria Madalena Levi, que em hebraico significa "meu coração", levanta a voz. A fala de Levi é contundente.

Quem és tu para rejeitá-la? Pedro, o misógino (aquele que tem aversão à mulher), crê que pode rejeitar a amada do Mestre. "Com certeza o Mestre a amou mais que a nós e a conhece muito bem."

Arrependamo-nos. Levi convida Pedro e os outros discípulos a se arrependerem, isto é, a voltarem ao centro, tornarem-se *anthropos* (masculino e feminino integrados).

Criar raízes. Criar raízes é o desafio lançado pelo Mestre. Todo aquele que compreendeu a mensagem do Mestre cria raízes, pois o ressuscitado passa a morar dentro dele. Mas nada cresce sozinho se não for cultivado, irrigado pela fé e perseverança.

Sem estabelecer outras regras e outras leis. A lei de Cristo é a do amor. E isso basta. Como cristãos, pela nossa fé, ressuscitaremos todos para uma vida eterna. Essa é a lei maior. Não são necessárias outras regras e leis.

MM 19,1-3: "Eles se puseram a caminho para anunciar o evangelho segundo Maria Madalena"

¹ Depois que Levi pronunciou estas palavras,
² eles se puseram a caminho para anunciar o Evangelho,
³ evangelho segundo Maria.

Levi foi capaz de fazer os discípulos compreenderem com o coração o significado das palavras de Maria Madalena. O texto termina dizendo que eles compreenderam suas palavras e, portanto, saíram a anunciar o evangelho segundo Maria Madalena. Será que Pedro compreendeu? Com a fala de Levi, todos se colocaram em marcha. Em nossos dias, permanece o desafio apresentado pelo evangelho de Maria Madalena. Em marcha deveríamos estar todos nós, os discípulos e discípulas do século XXI, para anunciar esse tesouro precioso que é o evangelho de Míriam de Mágdala. Esse evangelho não contradiz os canônicos, ao contrário, complementa-os com palavras de ternura e vigor, oriundas do Mestre Jesus, muito bem compreendidas por sua amada discípula, a eterna Maria Madalena. Viver Maria Madalena é colocar-se no caminho em direção ao Repouso, ao Silêncio, onde o amado e a amada serão eternamente UM.

A Maria Madalena, por tudo que nos ensinou, resta-nos um eterno louvor:

> Alma feminina, Amante de Cristo, Irmã, Esposa, nova Vênus, nova Pandora, virgem como Diana, sábia como Minerva [...] imagem do amor em sua dimensão terrena, mística e espiritual, do feminino em toda sua gama de afetos e expressões, Madalena expande a luz do amor sobre o mundo; como a Verdade pirandeliana em Assim é se vos parece, pode dizer, ao sair de cena: "sou aquela que se acredita que 'sou', reivindicando a liberdade de ser não mais objeto de desejo, mas sujeito de conhecimento".[22]

Maria Madalena, rosto feminino de Deus Pai e Mãe, que passemos a recordar-nos de ti não mais como pecadora arrependida, mas como santa mulher que testemunhou a ressurreição de Cristo. Que ele continue morando dentro de ti. Obrigado por nos comunicar tão grande mistério. Aprendamos a bem viver com ele, por ele eternamente. Que a sua ressurreição gere vida plena, justiça para os empobrecidos de nosso tempo.

---

[22] Mosco, M. *I sette veli della Maddalena*. FMR 43, 1986,134.

4
O evangelho de Tomé

Assim como o evangelho copta de Maria Madalena, o evangelho copta de Tomé foi descoberto em 1945, em Nag Hammadi, no alto Egito. Textos fragmentados em grego já haviam sido descobertos no final do século XIX e início do século XX. Assim como o evangelho de Maria Madalena, o de Tomé é uma pérola preciosa que foi ocultada aos nossos olhos durante muitos séculos pelas Igrejas. Quem é Tomé? Não seria ele o incrédulo, como afirma o evangelho de João? Não. O estudo do evangelho "apócrifo" de Tomé nos descortinará um outro Tomé.

Texto

Evangelho copta de Tomé, encontrado em Nag-Hammadi no ano de 1945.[1]

São estas as palavras ocultas proferidas por Jesus, o vivente, e escritas por Dídimo Judas Tomé.

1. Ele disse:
— Aquele que descobrir a interpretação destas palavras não provará a morte.

2. Disse Jesus:
— Aquele que procura não desista de procurar até que tenha encontrado. Quando encontrar, sentir-se-á transtornado. Sentindo-se transtornado, ficará maravilhado e será rei de tudo.

---

[1] Fragmentos dos evangelhos apócrifos. Tradução de pe. Lincoln Ramos. Petrópolis, Vozes, 1989. pp. 66 a 99.

3. Disse Jesus:

— Se aqueles que vos guiam vos disserem: "Eis que o Reino de Deus está no céu", então as aves do céu vos precederão. Se vos disserem: "Está no mar!", então os peixes do mar vos precederão. O Reino, pelo contrário, está dentro de vós e fora de vós. Quando vos conhecerdes a vós mesmos, então sereis reconhecidos e sabereis que vós sois os filhos do Pai que vive. Mas se não os conhecerdes, então estareis na pobreza e vós sereis a pobreza.

4. Disse Jesus:

— Um velho que, em seus dias, não hesitar em interrogar um menino de sete dias a respeito do lugar da vida, esse viverá; pois muitos primeiros serão os últimos e se tornarão um só.

5. Disse Jesus:

— Procura conhecer aquilo que esta à tua frente; e o que te é desconhecido te será manifestado, pois não há nada desconhecido que não seja manifestado.

6. Seus discípulos o interrogaram e lhe disseram:

— Queres que jejuemos? Como devemos rezar e dar esmola? E que norma devemos seguir em relação ao alimento?

Respondeu Jesus:

— Não faleis mentira e não façais o que detestais, pois tudo se torna manifesto diante do céu. De fato, não há nada desconhecido que não se torne manifesto, e não há nada encoberto que não seja revelado.

7. Disse Jesus:

— Feliz o leão comido pelo homem, pois o leão se tornará homem. E maldito o homem comido pelo leão; ele se tornará leão.

8. Ele disse:

— O homem é semelhante a um pescador inteligente, que lançou sua rede ao mar e tirou-a cheia de pequenos peixes. No meio deles o pescador inteligente encontrou um peixe grande e bom. Lançou, então, ao mar todos os peixes pequenos e separou, sem dificuldade, o peixe grande. Quem tem ouvidos para ouvir, ouça.

9. Disse Jesus:
— Eis que saiu o semeador. Encheu sua mão e lançou as sementes. Algumas caíram na estrada. Vieram os pássaros e as apanharam. Outras caíram no meio das pedras: não lançaram raízes na terra e não produziram frutos para o alto. Outras caíram entre os espinhos. Estes as sufocaram e o verme as devorou. Algumas caíram em terra boa e produziram bom fruto para o alto. Produziram sessenta e cem por um.

10. Disse Jesus:
— Lancei fogo no mundo e o conservarei até que arda.

11. Disse Jesus:
— Passará este céu e passará o que está acima dele. Os mortos não estão vivos e os vivos não morrerão.
Nos dias em que comíeis o que estava morto, vós o tornáveis vivo. Quando estiverdes na luz, que coisa fareis?
No dia em que éreis um, vos tornastes dois. Mas, quando vos tornardes dois, que fareis?

12. Os discípulos disseram a Jesus:
— Sabemos que tu te afastarás de nós. Quem dentre nós será o maior?
Respondeu-lhes Jesus:
— De qualquer lugar onde vos reunirdes, seguireis a Tiago, o justo, pelo qual existem o céu e a terra.

13. Disse Jesus a seus discípulos:
— Fazei-me uma comparação e dizei-me a quem me assemelho.
Respondeu-lhe Simão Pedro:
— Tu és semelhante a um anjo justo.
Disse-lhe Mateus:
— És semelhante a um filósofo inteligente.
Tomé acrescentou:
— Mestre, minha boca é absolutamente incapaz de dizer a quem te assemelhas.
Disse-lhe Jesus:
— Não sou teu mestre. Porque bebeste na fonte borbulhante que fiz brotar, tornaste-te ébrio.

Tomou-o à parte e disse-lhe três palavras. Quando Tomé voltou para junto de seus companheiros, estes lhe perguntaram:
— Que coisa te disse Jesus?
Respondeu Tomé:
— Se vos dissesse uma só das palavras que ele me disse, apanhareis pedras para lapidar-me. Das pedras sairia fogo e vos queimaria.

14. Disse-lhes Jesus:
— Se jejuardes, vos atribuireis um pecado; se rezardes, vos condenarão; se derdes esmolas, fareis mal a vossos espíritos. Se entrardes em qualquer país e percorrerdes suas regiões, naquele lugar onde vos acolherem, comei o que puserem diante de vós e curai os que estiverem enfermos entre eles. O que entra em vossa boca não vos contaminará, mas aquilo que sai de vossa boca é que vos contaminará.

15. Disse Jesus:
— Quando virdes aquele que não foi gerado por uma mulher, prostrai-vos diante dele e adorai-o; ele é vosso pai.

16. Disse Jesus:
— Talvez os homens pensem que vim trazer paz ao mundo. Não sabem que vim trazer divisões sobre a terra, fogo, espada e guerra. Cinco estarão em uma casa: três estarão contra dois e dois estarão contra três; o pai contra o filho e o filho contra o pai; e estarão ali como pessoas isoladas.

17. Disse Jesus:
— Eu vos darei aquilo que o olho não viu, aquilo que o ouvido não ouviu, aquilo que a mão não tocou e que jamais entrou no coração do homem.

18. Os discípulos pediram a Jesus:
— Mostra-nos qual será o nosso fim.
Respondeu Jesus:
— Já descobristes o princípio, para que pergunteis sobre o fim? De fato, no lugar onde está o princípio, ali estará também o fim. Feliz aquele que estiver presente no início. Este conhecerá o fim e não provará a morte.

19. Disse Jesus:
— Feliz aquele que existiu antes de vir à existência. Se vos tornardes meus discípulos e escutardes as minhas palavras, estas pedras vos servirão. Na verdade, tereis no paraíso cinco árvores que não se movem no verão, e no inverno suas folhas não caem. Quem as conhecer não provará a morte.

20. Os discípulos disseram a Jesus:
— Mostra-nos a quem se assemelha o Reino dos céus.
Respondeu-lhes:
— É semelhante a um grão de mostarda, que é a menor de todas as sementes, mas quando cai em terreno cultivado, produz um grande ramo e torna-se abrigo para as aves do céu.

21. Maria perguntou a Jesus:
— A quem se assemelham teus discípulos?
Ele respondeu:
— São semelhantes a meninos que se entretêm num campo que não lhes pertence. Quando chegarem os donos do campo, dirão: "Entregai-nos o nosso campo". Os meninos serão despojados diante dos donos; terão de abandonar e entregar-lhes o campo que lhes pertence.
Por isso eu digo: Se o dono da casa souber que virá o ladrão, ele vigiará antes que chegue e não permitirá que penetre na casa de seu reino para levar os seus bens.
Vós deveis estar agora vigilantes diante do mundo. Cingi os vossos flancos com grande força, a fim de que os ladrões não encontrem o caminho para chegar a vós. Do contrário, eles encontrarão o fruto que esperais. Haja entre vós um homem prudente!
Quando o fruto estiver maduro, ele virá sem demora, com sua foice na mão, e o recolherá. Quem tem ouvidos para ouvir, ouça.

22. Jesus viu alguns meninos que estavam se alimentando de leite. Disse a seus discípulos:
— Estes meninos que tomam leite assemelham-se aos que entram no Reino.
Eles perguntaram:
— Se nós formos crianças, entraremos no Reino?

Jesus respondeu-lhes:

— Quando de duas coisas fizerdes uma só, quando tornardes o interno igual ao externo, o externo igual ao interno, a parte superior igual à inferior; quando fizerdes do macho e da fêmea uma só coisa, de forma que o macho não seja macho e a fêmea não seja fêmea; quando fizerdes olhos em lugar de um olho, mão em lugar de mão, pé em lugar de pé, imagem em lugar de imagem, então entrareis no Reino.

23. Disse Jesus:

— Eu vos escolhereis um dentre mil e dois dentre dez mil; e estarão de pé, porque serão um só.

24. Disseram seus discípulos:

— Indica-nos o lugar onde estás, pois é necessário que nos dirijamos para lá.

25. Disse Jesus:

— Ama teu irmão como a tua alma. Guarda-o como a pupila de teu olho.

26. Disse Jesus:

— Vês o cisco no olho de teu irmão, mas não vês a trave que está em teu olho. Quando tirares a trave de teu olho, então enxergarás melhor para tirar o cisco do olho de teu irmão.

27. Disse Jesus:

— Se não jejuardes em relação ao mundo, não encontrareis o reino. Se do sábado não fizerdes sábado, não vereis o Pai.

28. Disse Jesus:

— Estive no meio do mundo e me manifestei a eles na carne. Encontrei-os todos embriagados; não encontrei entre eles nenhum com sede.

Minha alma sentiu-se atormentada por causa dos filhos dos homens; seus corações estão cegos e não compreendem; vieram ao mundo vazios e procuram sair do mundo vazios.

Continuam agora embriagados. Quando tiverem digerido todo o seu vinho, farão penitência.

29. Disse Jesus:
— Se a carne foi feita para o espírito, é uma maravilha. Se o espírito foi feito para o corpo, é maravilha das maravilhas. Mas eu admiro que tal opulência tenha vindo morar nesta pobreza.

30. Disse Jesus:
— Onde se encontram três deuses, esses são deuses. Onde estão dois ou um só, eu estou com ele.

31. Disse Jesus:
— Um profeta não é aceito em sua pátria. Um médico não cura aqueles que o conhecem.

32. Disse Jesus:
— Uma cidade construída sobre alto monte e fortificada não pode cair nem ficar oculta.

33. Disse Jesus:
— Aquilo que ouvires com teu ouvido, proclama-o também, por sua vez, sobre os vossos tetos. De fato, ninguém acende uma lâmpada para colocá-la debaixo de um móvel, nem a põe em lugar oculto, mas a coloca sobre um candelabro para que aqueles que entram e aqueles que saem vejam a sua luz.

34. Disse Jesus:
— Se um cego guia outro cego, ambos cairão no barranco.

35. Disse Jesus:
— Não é possível que alguém entre na casa de um homem forte e tome-a à força, a menos que lhe ate as mãos; somente depois poderá saquear sua casa.

36. Disse Jesus:
— Não vos preocupeis desde a manhã até a tarde e desde a tarde até a manhã com aquilo que vestireis.

37. Seus discípulos perguntaram:
— Em que dia te manifestarás a nós e em que dia te veremos?
Respondeu Jesus:
— Quando vos despojardes de vosso pudor, quando depuserdes vossas vestes e as colocardes debaixo de vossos pés,

como fazem as criancinhas, e as pisardes, então vereis o Filho do Vivente e não tereis medo.

38. Disse Jesus:
— Muitas vezes desejastes ouvir estas palavras que vos digo e não tivestes outro de quem ouvi-las. Dias virão em que me procurareis e não me encontrareis.

39. Disse Jesus:
— Os fariseus e os escribas se apoderaram das chaves do conhecimento e as ocultaram. Não entraram e impediram a entrada daquelês que o queriam.
Vós, porém, sedes prudentes como serpentes e simples como pombas.

40. Disse Jesus:
— Uma videira foi plantada por outros que não meu Pai. Se não for sólida, será arrancada e morrerá.

41. Disse Jesus:
— Será dado àquele que já tem alguma coisa em sua mão; e àquele que não tem, será tirado o pouco que tem.

42. Disse Jesus:
— Sede como viandantes.

43. Perguntaram-lhe seus discípulos:
— Quem és tu, que nos dizes estas coisas?
Ele respondeu:
— Por meio do que vos digo não conheceis quem eu sou. Vós vos tornastes como os judeus: eles amam a árvore e odeiam seu fruto; amam o fruto e odeiam a árvore.

44. Disse Jesus:
— Aquele que blasfema contra meu Pai será perdoado; e também será perdoado aquele que blasfema contra o Filho. Mas aquele que blasfemar contra o Espírito Santo não será perdoado, nem na terra nem no céu.

45. Disse Jesus:
— Não colhemos uvas dos espinheiros, nem colhemos uvas dos cardos. Estes não dão frutos. Um homem bom extrai o bem de seu próprio tesouro. Um homem mau extrai os males

de seu mau tesouro, que é o seu coração, e diz palavras más. É da abundância do seu coração que tira as coisas más.

46. Disse Jesus:
— Desde Adão até João Batista, nenhum nascido de mulher foi maior do que João Batista, para que não baixe seus olhos [diante dele].
Eu, porém, vos disse: Todo aquele dentre vós que se tornar pequeno conhecerá o reino e será maior do que João.

47. Disse Jesus:
— Não é possível um homem montar em dois cavalos ou retesar dois arcos; e não é possível que um servo sirva a dois senhores: ou honrará um e desprezará o outro...
Ninguém bebe vinho velho e quer imediatamente beber vinho novo. Não se põe vinho novo em odres velhos para não o estragar. Não se costura uma peça velha em vestido novo, pois, do contrário, ela romperá.

48. Disse Jesus:
— Se duas pessoas estão em paz entre si na mesma casa, dirão a um monte: "Afasta-te!" e ele se afastará.

49. Disse Jesus:
— Felizes vós, os solidários e os eleitos, porque encontrareis o Reino. De fato, dele viestes e para ele voltareis.

50. Disse Jesus:
— Se vos perguntarem: "Donde viestes?", respondei: "Viemos da luz, do lugar onde a luz se fez a si mesma; e ela surgiu e se manifestou em sua própria imagem".
Se vos perguntarem: "Donde viestes?", respondei: "Nós somos seus filhos e somos os escolhidos do Pai vivo".
Se vos perguntarem: "Qual é o sinal de vosso Pai que está em vós?", respondei: "É o movimento e o repouso".

51. Perguntaram-lhe seus discípulos:
— Em que dia virá o repouso dos que estão mortos e em que dia chegará o mundo novo?
Respondeu-lhes:
— O repouso que esperais já veio, mas não o reconhecestes.

52. Disseram-lhe seus discípulos:
— Em Israel falaram vinte e quatro profetas e todos falaram por ti.
Respondeu-lhes:
— Deixastes o vivente que está diante de vós e falais daqueles que morreram?

53. Perguntaram-lhe seus discípulos:
— A circuncisão é útil ou não?
Respondeu-lhes:
— Se fosse proveitosa, o pai geraria os filhos já circuncidados desde o seio materno. A verdadeira circuncisão no espírito tornou-se útil sob todos os aspectos.

54. Disse Jesus:
— Felizes vós, os pobres, pois é vosso o Reino dos céus.

55. Disse Jesus:
— Aquele que não odiar seu pai e sua mãe não poderá ser meu discípulo. E se não odiar seus irmãos e suas irmãs e não carregar sua cruz como eu fiz, não será digno de mim.

56. Disse Jesus:
— Quem conheceu o mundo encontrou um cadáver; e o mundo não é digno de quem encontrou um cadáver.

57. Disse Jesus:
— O reino do Pai é semelhante a um homem que tem uma boa semente. À noite veio seu inimigo e semeou joio entre a boa semente. O homem não lhes permitiu que arrancassem o joio. Disse-lhes: "Pode acontecer que, indo arrancar o joio, arranqueis com ele a boa semente. No dia da colheita o joio aparecerá; será arrancado e queimado".

58. Disse Jesus:
— Feliz o homem que sofreu. Ele encontrou a vida.

59. Disse Jesus:
— Enquanto estais vivos, contemplai o Vivente, para que, ao morrerdes, não fiqueis procurando vê-lo sem conseguir.

60. Vira um samaritano entrar na Judéia levando um cordeiro. Perguntou a seus discípulos:
— Que vai ele fazer com o cordeiro?

Responderam-lhe:

— Quer matá-lo e comê-lo.

Disse-lhes:

— Enquanto vivo, não o comerá, mas somente depois de matá-lo e transformá-lo em cadáver.

Responderam-lhe:

— Não podia fazer de outro modo.

Ele acrescentou:

— Também vós deveis procurar um lugar de descanso, para que não vos torneis cadáveres e vos comam.

61. Disse Jesus:

— Dois repousam sobre um leito: um morrerá e outro viverá.

Salomé perguntou-lhe:

— Quem és tu, ó homem? Subiste sobre meu leito e comeste em minha mesa.

Respondeu Jesus:

— Eu sou aquele que provém do Igual; a mim foi dado aquilo que é do meu Pai.

Disse Salomé:

— Eu sou tua discípula.

E Jesus lhe disse:

— Por isso eu te digo que, quando o leito estiver vazio, ele se encherá de luz; quando, porém, estiver dividido, ficará cheio de trevas.

62. Disse Jesus:

— Eu comunico meus mistérios àqueles que são dignos deles. Tua mão esquerda não deve saber o que faz tua mão direita.

63. Disse Jesus:

— Um rico possuía muitos bens. Disse: "Quero empregar meus bens para semear, colher, plantar e encher de frutos os meus celeiros. Não terei assim necessidade de coisa alguma". Isto pensava ele em seu coração. Mas, naquela noite, morreu. Quem tem ouvidos, ouça!

64. Disse Jesus:

— Um homem tinha diversos convidados. Preparado o banquete, mandou seu servo chamar os convidados. Procurou o primeiro e disse-lhe: "Meu senhor manda chamar-te".

Ele respondeu: "Sou credor de alguns comerciantes. Eles virão procurar-me esta tarde. Devo ir para fazer os acertos. Peço desculpas por faltar ao banquete".
Procurou o segundo e disse-lhe: "Meu senhor manda chamar-te". Ele respondeu: "Comprei uma casa e isto me ocupa o dia inteiro. Não disponho de tempo livre".
Procurou o terceiro e disse-lhe: "Meu senhor manda chamar-te". Ele respondeu: "Meu amigo vai-se casar e devo preparar-lhe um banquete. Não poderei ir. Peço escusar-me de não comparecer ao banquete".
Procurou o outro e disse-lhe: "Meu senhor manda chamar-te". Ele respondeu: "Comprei um terreno. Devo ir receber a minha parte nos rendimentos. Não poderei ir. Peço escusar-me de comparecer ao banquete".
O servo voltou e disse ao seu senhor: "Aqueles que convidaste para o banquete se escusaram". O patrão disse ao servo: "Vai pelas estradas e traz para o banquete quantos encontrares. Os compradores e comerciantes não entrarão na morada de meu Pai".

65. Ele disse:
— Um homem bom possuía uma vinha. Arrendou-a a lavradores para que a cultivassem e lhe dessem parte dos frutos.
Mandou seu servo para que recebesse dos lavradores o fruto da vinha. Agarraram o servo e o espancaram; pouco faltou para que o matassem.
O servo foi contar ao patrão. Este pensou: "Provavelmente não o reconheceram". E mandou outro servo.
Os agricultores espancaram também o outro.
O senhor mandou então o próprio filho, pensando: "Provavelmente respeitarão o meu filho". Os lavradores, sabendo que era o herdeiro da vinha, agarraram-no e o mataram. Quem tem ouvidos, ouça!

66. Disse Jesus:
— Mostrai-me esta pedra que os construtores rejeitaram. Esta é a pedra angular.

67. Jesus disse:
— Aquele que conhece tudo mas não [conhece] a si mesmo, ignora tudo.

68. Disse Jesus:
— Felizes vós quando vos odiarem e vos perseguirem, e não houver lugar em que não tenhais sido perseguidos.

69. Disse Jesus:
— Felizes aqueles que foram perseguidos em seus corações. Esses são os que, na verdade, conheceram o Pai. Felizes aqueles que têm fome, pois seu ventre será saciado de acordo com seu desejo.

70. Disse Jesus:
— Quando produzirdes em vós mesmos aquilo que tendes, isso vos salvará. Se não o tendes em vós, o que não tendes em vós vos matará.

71. Disse Jesus:
— Destruirei esta casa e ninguém poderá reedificá-la.

72. Disse-lhe um homem:
— Dize aos meus irmãos que dividam comigo os bens de meu pai.
Ele respondeu:
— Ó homem, quem me encarregou de fazer partilhas?
Voltou-se para seus discípulos e perguntou-lhes:
— Sou por acaso encarregado de partilhas?

73. Disse Jesus:
— A mesa é grande, mas os operários são poucos. Rogai ao Senhor que mande operários para a ceifa.

74. Ele disse:
— Senhor, muitos estão perto do poço, mas nenhum no poço.

75. Disse Jesus:
— São muitos os que estão junto à porta, mas somente os solitários entrarão na câmara nupcial.

76. Disse Jesus:
— O Reino de meu Pai assemelha-se a um comerciante que possui mercadorias. Encontrou uma pérola. Sendo perspicaz, o comerciante vendeu suas mercadorias e comprou para si a pérola. Também vós, procurai o tesouro que não perece, que é duradouro, que está onde não chega a traça para consumi-lo nem o verme para destruí-lo.

85

77. Disse Jesus:
— Eu sou a luz que está acima de tudo. Eu sou o todo. O todo saiu de mim e o todo voltou a mim. Rachai o lenho; eu estou ali. Levantai a pedra e ali me encontrareis.

78. Disse Jesus:
— Por que saístes ao campo? Para ver um caniço agitado pelo vento? Para ver um homem vestido de roupas delicadas? Vede: são vossos reis e vossos grandes que vestem roupas delicadas. Esses não poderão conhecer a verdade.

79. Do meio da multidão uma mulher lhe disse:
— Feliz o ventre que te trouxe e felizes os seios que te amamentaram.

Ele respondeu:
— Felizes aqueles que ouviram a palavra do Pai e a guardaram integralmente. Virão dias em que direis: "Feliz o ventre que não concebeu e felizes os seios que não amamentaram".

80. Disse Jesus:
— Quem conheceu o mundo, encontrou o corpo; o mundo não é digno daquele que encontrou o corpo.

81. Disse Jesus:
— Quem se tornou rico, tornou-se rei ; e quem tem poder, deve renunciar.

82. Disse Jesus:
— Quem está próximo de mim, está próximo do fogo. Quem está longe de mim, está longe do Reino.

83. Disse Jesus:
— As imagens são visíveis ao homem, mas a luz que está nelas permanece oculta na imagem da luz do Pai. Ele tornar-se-á manifesto, mas sua imagem permanecerá velada por sua luz.

84. Disse Jesus:
— Vós vos alegrareis no dia em que virdes aquilo que é semelhante a vós. Mas, quando virdes as vossas imagens que existiram antes de vós, que não morrem nem são manifestas, até que ponto podereis suportar?

85. Disse Jesus:
— Adão nasceu com grande poder e grande riqueza; contudo, ele não foi digno de vós. Se fosse digno de vós, não teria provado a morte.
86. Disse Jesus:
— As raposas têm suas tocas e os pássaros têm seus ninhos, mas o filho do homem não tem onde reclinar a cabeça e repousar.
87. Disse Jesus:
— Infeliz é o corpo que depende de outro corpo e infeliz a alma que depende de ambos.
88. Disse Jesus:
— Virão a vós os anjos e os profetas e vos darão o que vos pertence. Mas também vós deveis dar-lhes o que tendes em vossas mãos. Perguntai a vós mesmos em que dia virão e receberão o que é deles.
89. Disse Jesus:
— Por que lavais a parte externa do copo? Não compreendeis que aquele que fez o interior é o mesmo que fez o exterior?
90. Disse Jesus:
— Vinde a mim, pois meu jugo é leve, e suave o meu domínio; e encontrareis repouso para vós.
91. Disseram-lhe:
— Dize-nos quem és, para que possamos crer em ti.
Respondeu-lhes:
— Examinais o aspecto do céu e da terra e não conhecestes aquele que está diante de vós. Não sois capazes de examinar este tempo.
92. Disse Jesus:
— Procurai e encontrareis. O que me perguntastes naqueles dias, eu não o disse a vós. Agora, que desejo dizer-vos, vós não me perguntais.
93. Disse Jesus:
— Não deis aos cães o que é santo, para que não o lancem no monturo. Não jogueis pérolas aos porcos, para que não as destruam.

94. Disse Jesus:
— Quem procura encontrará, e àquele que bate se abrirá.
95. Disse Jesus:
— Se tendes dinheiro, não o empresteis a juros, mas dai-o àquele de quem não mais o recebereis.
96. Disse Jesus:
— O Reino do Pai é semelhante a uma mulher que tomou um pouco de fermento, misturou-o na massa e fez grandes pães. Quem tem ouvidos, ouça!
97. Disse Jesus:
— O Reino do Pai é semelhante a uma mulher que levava uma vasilha cheia de farinha. Enquanto caminhava por uma longa estrada, rompeu-se a alça da vasilha e a farinha caiu na estrada. Ela, porém, não o sabia, pois não se deu conta do que acontecera. Chegando à casa, depôs o vaso e o encontrou vazio.
98. Disse Jesus:
— O Reino do Pai é semelhante a um homem que quer matar uma pessoa poderosa. Apanhando a espada em sua casa, traspassou a parede. Queria saber se sua mão estava bastante resistente. Depois matou o homem poderoso.
99. Disseram-lhe os discípulos:
— Estão aí fora tua mãe e teus irmãos.
Ele respondeu:
— Os que estão aí presentes e fazem a vontade do Pai, esses são meus irmãos e minha mãe. Eles entrarão no Reino de meu Pai.
100. Mostraram a Jesus uma moeda de ouro e disseram-lhe:
— Os representantes de César exigem de nós o tributo.
Disse-lhes:
— Dai a César o que é de César; daí a Deus o que é de Deus; e dai a mim o que é meu.
101. Disse Jesus:
— Aquele que não odeia seu pai e sua mãe como eu, não poderá ser meu discípulo. E aquele que não ama seu pai e

sua mãe como eu, não pode tornar-se meu discípulo. De fato minha mãe [...], mas minha verdadeira mãe me deu a vida.

102. Disse Jesus:
— Ai dos fariseus! São como um cão deitado junto à manjedoura dos bois. Não come nem deixa os bois comer.

103. Disse Jesus:
— Feliz o homem que sabe em que momento virá os ladrões. Ele se levantará, ficará em guarda e se armará antes que eles cheguem.

104. Disseram-lhe:
— Vem, queremos hoje rezar e jejuar.
Disse Jesus:
— Que pecado cometi? Em que fui vencido? Quando o esposo sair da câmara nupcial, então, jejuarão e rezarão.

105. Disse Jesus:
— Quem conhece o pai e a mãe, será chamado "filho de prostituta".

106. Disse Jesus:
— Quando de dois fizerdes um, sereis filhos do homem. Quando disserdes a um monte: "Afasta-te", ele se afastará.

107. Disse Jesus:
— O Reino é semelhante a um pastor que tem cem ovelhas. Uma delas, a maior, se desgarrou. Ele deixou as noventa e nove, e procurou-a até encontrá-la. Cansado, disse à ovelha: "Eu te amo mais do que às noventa e nove".

108. Disse Jesus:
— Quem beber da minha boca, tornar-se-á igual a mim. Eu também me tornarei igual a ele. As coisas ocultas lhe serão reveladas.

109. Disse Jesus:
— O Reino é semelhante a um homem que, sem o saber, possuía um tesouro oculto em seu campo. Depois de sua morte, deixou-o ao filho. O filho também nada sabia. Tomou o campo e o vendeu. Quem o comprou, quando arava, encontrou o tesouro, e começou a emprestar dinheiro a juros a quem o quisesse.

110. Disse Jesus:
— Aquele que encontrou o mundo e tornou-se rico, deve renunciar ao mundo.

111. Disse Jesus:
— Os céus e a terra desaparecerão diante de vós; e aquele que vive do Vivente não verá nem a morte nem o medo, pois Jesus disse: "O mundo não é digno daquele que encontrar a si mesmo".

112. Disse Jesus:
— Ai da carne que depende da alma! Ai da alma que depende da carne!

113. Perguntaram-lhe os discípulos:
— Em que dia virá o Reino?
Respondeu:
— Não virá enquanto for esperado. Não se dirá: "Ei-lo aqui!" ou "Ei-lo ali!", pois o Reino do Pai está espalhado por toda a terra e os homens não o vêem.

114. Disse-lhes Simão Pedro:
— Maria deve afastar-se de nós, pois as mulheres não são dignas da vida.
Disse Jesus:
— Eis que eu levarei a tornar-se homem, para que se torne um espírito vivente igual a nós homens. Pois toda mulher que se fizer homem entrará no Reino dos céus.

Datação e autoria

O Tomé grego foi escrito na Síria sob a influência de Tiago. Já o texto em copta, variação da língua grega falada no Egito, foi escrito (ou traduzido) no Egito, sob a influência de Tomé. Daí o nome "evangelho de Tomé". Os estudiosos divergem quanto à datação do evangelho de Tomé. Afirmam ser a redação final do século IV, mas de composição nos meados do século II da E.C. Mais especificamente, os críticos falam dos anos 50, 90, 140 ou 200. O que dizer diante de tantas hipóteses? Nós preferimos optar por duas datas, a saber:

a) *Ano 50 da E.C.* Motivação: os ditos ou falas de Jesus presentes no evangelho de Tomé parecem ser o modo primitivo dos escritos sobre Jesus, bem como do seu modo de ensinar. O modo narrativo e sistemático dos evangelhos canônicos é posterior. As parábolas de Tomé, estudadas em relação às parábolas dos evangelhos canônicos, nos revelam com mais clareza o contexto sociopolítico da Palestina no tempo de Jesus. O modo como elas aparecem alegorizadas nos sinóticos revelam a preocupação posterior das comunidades que as adaptaram segundo os problemas internos e externos de seu tempo.

b) *Ano 140 da E.C.* Motivação: o evangelho de Tomé, dito 52, conta que os discípulos de Jesus disseram-lhe: "Vinte e quatro profetas falaram em Israel e todos falaram de ti". Essa fala dos discípulos parece ser uma referência ao cânon da Bíblia hebraica, o qual foi fechado na primeira metade do século segundo. O evangelho de Tomé teria sido escrito depois dessa data.

Mesmo estas duas hipóteses são passíveis de críticas, pois são, como indicam as tendências, meras hipóteses. Isto vale, sobretudo, para a afirmativa de que as parábolas sem a alegoria são uma redação primitiva. Também nos evangelhos canônicos temos parábolas sem alegorias.

A autoria do evangelho de Tomé é mencionada no cabeçalho do Evangelho: "... palavras... escritas por Dídimo Judas Tomé". Por que do nome Dídimo Judas Tomé? O evangelho de João, no capítulo 21, versículo 2, chama-o de Tomé Dídimo. Sabemos que a tradição joanina veiculou Tomé com a experiência do discípulo que não acreditou na ressurreição de Jesus e, por isso, precisou tocar no ressuscitado para crer. Por outro lado, é notório o objetivo do evangelho de Tomé ao chamá-lo com três nomes. Vejamos o significado de cada um deles.

Dídimo é um nome grego que significa gêmeo. *Judas*, segundo os textos canônicos, é irmão de Tiago, que é irmão de Jesus (Gl 1,19). Na tradição da Igreja da Síria, Judas era o irmão gêmeo de Jesus. Tiago exerceu forte liderança entre os discípulos após a morte de Jesus, e Pedro obteve a primazia do grupo. *Tomé* é um nome aramaico e também significa gêmeo. Desse modo, afirmar que esse evangelho tem a autoria de Dídimo Judas Tomé significa relacionar o autor desse evangelho em grau de parentesco com Jesus, o que confere autoridade ao texto.

Gênero literário e conteúdo

O evangelho de Tomé é composto de 114 sentenças ou ditos de Jesus. Cada sentença é independente. "Jesus disse" é a expressão predominante no evangelho. Ela aparece 99 vezes. E se Jesus não disse, ele responde questões, caracterizado pela expressão "Jesus respondeu", o qual aparece 15 vezes.

No conteúdo do evangelho de Tomé não temos:

- a infância de Jesus;
- os milagres que Jesus teria feito;
- as profecias que Jesus teria cumprido;
- a morte e ressurreição de Jesus.

No entanto, encontramos:

- provérbios e sentenças proferidas por Jesus sobre o Reino de Deus e aspectos do comportamento humano;
- parábolas sem alegorias;
- escatologia já realizada;
- masculino e feminino convocados a viverem integrados;
- pureza pueril considerada condição básica para entrar no Reino;
- os caminhos da busca de si mesmo;

- palavras que não devem ser anunciadas aos profanos e cuja compreensão gera vida;
- a ascese como proposta de vida para fugir da matéria.

As palavras de Jesus têm como objetivo levar quem passa a conhecê-las a escapar da morte e atingir o ideal da salvação gnóstica. Já as parábolas de Jesus visam tecer uma crítica à ordem social estabelecida.

Personagens

Os personagens do evangelho de Tomé, além de Jesus, podem ser agrupados do seguinte modo:

SEGUIDORES	Discípulos; Simão Pedro; Mateus; Tiago, o justo; Tomé; Maria; Salomé e Maria Madalena.
MARGINALIZADOS	Crianças; pescador; semeador; doentes; mulheres; cegos; pobres; agricultores; servo; idoso; multidão; passantes; ladrão e pastor.
OPRESSORES	Homem rico; dois senhores; comerciantes; comprador de pérola; César, o imperador; patrão; donos de campo e casa; homem poderoso.
LÍDERES RELIGIOSOS	Fariseus; escribas; guias; judeus; profeta João Batista e o samaritano.
FAMÍLIA	Pai; mãe; irmão; meninos; velho; vizinhos; dono de casa.
ANIMAIS, AVES E PLANTAS	Boi; raposa; cachorro; ovelhas; cordeiro; leão; peixe; mostarda; videira e espinheiro.

Desta lista de personagens fica claro que o ambiente do evangelho de Tomé é tipicamente rural. Os discípulos e discípulas estão sempre em diálogo com Jesus. Os marginalizados são o maior grupo e estão sempre em oposição aos que os oprimem.

A relação entre o evangelho de Tomé e o de João

Assim como o evangelho de Maria Madalena, o de Tomé está em estreita relação com o evangelho de João. Todos são considerados gnósticos. Tratam de temas que faziam parte do ensinamento gnóstico. Alguns estudiosos procuram defender os evangelhos de Maria Madalena e Tomé buscando explicações que justifiquem seu não-gnosticismo. Nós acreditamos que o gnosticismo desses evangelhos é uma coisa positiva. Eles não fazem parte da corrente gnóstica dualista e maniqueísta que os cristãos rejeitavam. O gnosticismo dos evangelhos de Maria Madalena, Tomé e João tem como princípio a integração do masculino e do feminino em cada ser humano. Jesus ressuscitado é a luz que habita dentro de nós e que nos coloca no caminho de Deus. Somos matéria que se decomporá para voltar à origem, ao princípio de tudo.

Jesus, na perspectiva gnóstica do evangelho de Tomé, é um sábio que caminha como os discípulos. É um mestre que não fala de si mesmo, mas que ensina palavras portadoras de vida para os seus discípulos. Jesus é um vivente (ressuscitado e glorificado) que comunica palavras de vida, as quais levam o discípulo a tomar consciência de si mesmo, a conhecer-se e a caminhar para a realização plena do seu ser. Jesus é Salvador. Suas palavras evitam a morte definitiva de quem as observa.

Tendo em vista essa relação estreita entre os evangelhos de Tomé e João, vamos lê-los em conjunto. Selecionamos alguns temas para o nosso estudo. Antes, porém, vejamos um quadro comparativo dos textos de Tomé que aparecem em João (veja ao lado). Tomé os copiou de João? Qual é mais antigo? Talvez não tenhamos a resposta exata para essas questões. Basta considerar a relação entre o pensamento das comunidades de Tomé e de João, guardado na escrita de cada texto. Que cada um tire suas próprias conclusões.

Tomé	João	Conteúdo
1	8,51-52; 5,24	Quem crê, ouve, guarda, interpreta a Palavra e não morrerá.
4	17,20-23	Torna-se Um.
18	20,15	Permanecer na ressurreição como princípio e fim de tudo.
19	8,58; 5,24	Ser antes de existir, antes de Abraão.
22	17,11	Jesus e Deus são UM.
23	6,70; 13,18	Jesus escolhe os seus discípulos.
24	1,9	Luz.
27	3,5; 6,46; 14,9	Encontrar e entrar no Reino e ver o Pai.
28	4,13-15	Ter sede da água eterna.
30	10,34	Deuses.
31	4,44	Ninguém é profeta na sua própria terra.
33	10,9	Interior e exterior.
34	9,39-41	Cegueira interior.
37	6,19-20	Não ter medo.
38	7,33-34; 8,21; 13,33; 16,16	Dia em que Jesus será procurado e não mais será encontrado entre o povo.
40	15,1-2.5-6	Permanecer em Jesus-videira para não ser arrancado.
43	8,25	Quem é Jesus?
47	2,10	Vinho velho e novo.
49	8,42; 16,27-28	Sair do Pai e para ele voltar.
50	12,36	Somos filhos da Luz.
51	5,25	Jesus veio e não foi reconhecido pelos "mortos".
52	1,45	Os profetas falaram de Jesus.
53	4,24	Deus deve ser adorado em Espírito e verdade.
56	1,10	Conheceu o mundo e o mundo não o reconheceu.
59	8,21; 12,21; 16,16	Ver Jesus.
71	2,19	Destruir a casa/templo que não mais poderão ser reconstruídos.
77	8,12	Jesus é a luz do mundo.
78	8,32	Conhecer a verdade para se libertar.
91	6,30; 7,3-5.27-28; 14,8-9	Necessidade de sinais para conhecer Jesus.
105	8,18-19.41-44	Conhecer o Pai.
108	7,37; 6,53	Beber da boca de Jesus.
111	8,51	Quem vive do Vivente, não conhecerá o medo nem a morte.
114	20,1-18	Maria Madalena.

Esse quadro nos mostra que os evangelhos de Tomé e João ensinavam pensamentos gnósticos. Os membros dessas comunidades eram instados a:

- ser intérpretes (hermeneutas) da Palavra, a conhecê-la profundamente para, assim, não conhecer a morte;
- conhecer a Palavra, Jesus, o Pai e a Verdade para se libertar da morte;
- saber que Jesus e Deus são Um. Jesus veio do Pai e para ele há de voltar;
- acreditar que Jesus é a Luz;
- manter a sede de Deus e beber da vida que jorra de Jesus;
- reconhecer que ninguém é profeta na sua própria terra;
- reconhecer que temos uma cegueira interna que nos impede de chegar ao conhecimento da verdade;
- afastar o medo da morte;
- permanecer em Jesus para não perder a salvação;
- saber que não há necessidade de sinais visíveis para acreditar em Jesus como Verdade.

Além desses ensinamentos gnósticos, é notório o fato de as comunidades dos evangelhos de João e Maria Madalena terem escolhido esta para fechar seus escritos (Jo 20,1-18 e Tomé 114). O que isso significa? João e Maria Madalena formavam uma única comunidade? Sim e não. Maria Madalena, a mulher que soube integrar dentro de si o masculino e o feminino, que fez a experiência do Vivente (Jesus glorioso e ressuscitado), foi, por isso, escolhida para anunciar a ressurreição do Mestre. E quem conhecer e anunciar os ensinamentos de Jesus será salvo. Como vimos anteriormente, o evangelho a ser anunciado passa a ser o de Maria Madalena. Jesus vive dentro dela. Quem puder compreenda e se torne qual outra Maria Madalena, qual outro Jesus.

Tomé 1 e Jo 5,24; 8,51-52: quem compreender as palavras de Jesus não morrerá

Em relação à compreensão das palavras proferidas por Jesus, as comunidades de Tomé e de João afirmam:[2]

Tomé 1	Jo 5,24	Jo 8,51-52
"Ele disse: Aquele que vier a ser o hermeneuta destas palavras não provará a morte."	"Em verdade, em verdade, vos digo: quem escuta a minha palavra e crê naquele que me enviou tem a vida eterna e não vem a julgamento, mas passou da morte à vida."	"Em verdade, em verdade, vos digo: se alguém guardar a minha palavra, jamais verá a morte. Disseram-lhe os judeus: Agora sabemos que tens um demônio. Abraão morreu, os profetas também, mas tu dizes: Se alguém guardar a minha palavra jamais provará a morte."

As comunidades de Tomé e João sabem que compreender as palavras de Jesus significa interpretá-las corretamente. Fazer-se o hermeneuta das palavras do Mestre é provar no ser a profundidade da mensagem ensinada por Jesus. É fazer-se um seguidor fiel das palavras de vida. Assim, a morte não terá lugar no dia-a-dia de uma vida mortal. E isso é já viver eternamente. É estar de bem com a vida. Ser um "bem amado" por mim mesmo e pelos que me rodeiam. E isso também se chama "viver em sintonia com a vida". Quem compreende essas palavras é já um ressuscitado.

A comunidade joanina usa os verbos crer, escutar e guardar. Na verdade, eles dizem a mesma coisa. O bom intérprete é aquele que sabe escutar, crê na mensagem e a guarda no coração, isto é, a pratica com vigor. Para esses a morte não tem vez. Os judeus chamaram Jesus de demônio, pois ele semeava a discórdia e a mentira. Abraão e os profetas haviam morrido. Como poderia alguém afirmar que a morte não existe? Em nossos dias, um grupo de cientistas holandeses fez uma pesquisa com pacientes em estado terminal, que experimentaram a morte clínica

---

[2] Seguimos a tradução proposta por Jean-Yves Leloup, *O evangelho de Tomé*, Petrópolis, Vozes, 2000.

de 15 segundos a 45 minutos e voltaram a viver. As experiências vividas por eles são incríveis. Um paciente chegou a relatar que havia estado em uma rua do centro da cidade, conversado com uma pessoa acidentada e depois se lembrou de que devia voltar para o hospital. Outro relatou que havia conversado com a mulher do quarto ao lado. Em ambos os casos o fato real foi comprovado: havia acontecido um acidente na rua mencionada no mesmo instante em que o paciente fora considerado clinicamente "morto". O acidentado morrera. Havia uma mulher no quarto ao lado que, naquele momento, também estava clinicamente "morta". Esses exemplos e tantos outros levaram os cientistas a acreditar na possibilidade de vida após a morte. Como isso acontece, a ciência não sabe explicar.

Jesus, ao dizer que quem interpreta suas palavras não provará a morte, não estaria falando da vida eterna? Sim. Ele falava da vida *já e ainda não*. Viver nesse mistério prolonga a vida, a eterniza. Jesus soube transformar em atos a Presença de Deus. Nós somos chamados a fazer o mesmo.

Tomé 24 e Jo 1,9-10; 9,5; 12,35-36: eu sou a luz que ilumina o mundo inteiro

O tema da luz é tratado em Tomé e João do seguinte modo:

Tomé 24	Jo 1,9-10	Jo 9,5	Jo 12,35-36
"Disseram os discípulos: indica-nos o lugar onde estás; com efeito, devemos ir a sua procura. Ele lhes respondeu: quem tem ouvidos, ouça! Há luz no íntimo de um homem de luz e ele ilumina o mundo inteiro. Se não iluminar, tudo estará nas trevas."	"Esta era a luz verdadeira, que vindo ao mundo a todos ilumina. Ela estava no mundo, e o mundo foi feito por meio dela, mas o mundo não a reconheceu."	"Enquanto estou no mundo, sou a luz do mundo."	"Por pouco tempo a luz está entre vós. Caminhais enquanto tendes luz, credes na luz, para vos tornardes filhos da luz."

Os discípulos, ao pedirem a Jesus que indicasse o lugar onde ele estava, demonstram que não compreenderam o sentido de Jesus-Luz para os seus passos. Jesus responde: A luz que cada um tem dentro de si é a presença de Deus que ilumina quem está nas trevas. Jesus é a luz verdadeira que veio ao mundo. Pena que o mundo não a reconheceu. Para tornarmo-nos luz como Jesus é necessário que acreditemos na luz. Cada discípulo(a) é chamado a caminhar na luz. Essa é uma decisão pessoal. A luz está no íntimo de cada um. Quem não ilumina produz trevas para todos que estão à sua volta. Jesus tinha consciência de que era a luz do mundo. Sua presença era passageira. Quem viu e creu na Luz tornou-se um filho da Luz. A comunidade entendeu que todo batizado é um filho da Luz. Por isso, devia viver como Jesus viveu. "Sim, eu quero que a luz de Deus, que um dia em mim brilhou, jamais se esconda e não se apague o seu fulgor", cantam as nossas comunidades eclesiais.

O pensamento judaico uniu a luz à ressurreição. É o que podemos perceber no significado do substantivo hebraico *hôr*, que significa *luz* e está relacionado com um osso que temos na base da espinha; daí chamá-lo de *osso luz* e redefinir *hôr* como:

> Osso indestrutível, em forma de amêndoa, na base da espinha, em forma do qual um novo corpo se formará na ressurreição dos mortos. Esse osso sobrevive à desintegração do corpo após o sepultamento, mas pode ser danificado se houver cremação. Nos tempos rabínicos, o *osso luz* foi testado na prática pelos que duvidavam da ressurreição, e constatou-se que ele era capaz de resistir ao fogo, à água e a pancadas fortes. Não obstante, alega-se que as águas do tempo do dilúvio foram tão violentas que dissolveram o osso luz da ossada de Adão. Acredita-se que aqueles que se curvam a Deus durante a oração garantem um corpo ressuscitado, pois ao curvarem a espinha estão estimulando o osso luz.[3]

Os judeus, por isso, desenvolveram a prática de rezar curvando e balançando o próprio corpo. Com esse gesto todo o corpo

---

[3] Cf. UNTERMAN, Alan. *Dicionário judaico de lendas e tradições*. Rio de Janeiro, Jorge Zahar Editor, 1992, p. 158.

recebe luz do *hôr*. Os cristãos, procurando reler esse modo de pensar, ensinaram que o ressuscitado está sempre de pé, em forma ereta, a irradiar a luz que dele emana para todos que dele se aproximam para conhecê-lo e vivê-lo intensamente.

A não-dualidade como condição para entrar no Reino segundo o evangelho de Tomé

O evangelho de Tomé conservou textos belíssimos sobre a integração do masculino e do feminino. Nisso estava uma das condições básicas para entrar no Reino de Deus. O estado infantil, do qual viemos, é lembrado com insistência. Destacamos algumas passagens:

- Tomé 22: "Jesus viu algumas crianças que estavam se amamentando ao seio. Disse aos discípulos: Essas crianças que estão se amamentando são semelhantes aos que entram no Reino. Eles lhe perguntaram: Então, se nos tornarmos crianças, entraremos no Reino? Jesus respondeu-lhes: Quando de dois fizerdes Um e quando fizerdes o interior como o exterior, o exterior como o interior, e o alto como o baixo, quando tornardes o masculino e o feminino um Único ser, a fim de que o masculino não seja um macho nem o feminino uma fêmea; quando tiverdes olhos em vossos olhos, a mão em vossa mão, e o pé em vosso pé, um ícone em vosso ícone, então, entrareis no Reino!"
- Tomé 37: "Os discípulos perguntaram: Em que dia será a tua manifestação? Em que dia teremos nossa visão? Respondeu Jesus: No dia em que estiverdes nus como crianças recém-nascidas que andam por cima de suas roupas, então, vereis o Filho do Vivente. E deixareis de ter medo".
- Tomé 49: "Disse Jesus: Felizes sois vós, os unificados e os eleitos, porque encontrareis o Reino: de fato, dele viestes e para ele voltareis".

- Tomé 106: "Disse Jesus: Se fizerdes de dois — Um — sereis Filhos do Homem. E se disserdes: Montanha, afasta-te, ela afastar-se-á".

Essas passagens nos mostram que a comunidade de Tomé era crítica à idéia de esperar a salvação de modo apocalíptico. Basta a procura incessante do estado puro, quando vivíamos no jardim do Éden. As crianças são o símbolo perfeito dessa situação desejada por Deus. No entanto, não basta ser criança, é preciso unificar todo o corpo. O dois têm de voltar a ser um: interno e externo, um só pé, uma só mão, um só olho etc.

Os rabinos ensinavam que ao nascermos éramos colocados na parte traseira, de cima a baixo. Deus, então, nos cerrou ao meio. Por isso, somos iguais na parte de trás. Cada um vive sempre nostálgico de sua parte serrada.

A dualidade grega, a divisão entre corpo e alma, deixou seqüelas no nosso modo de pensar e agir. O corpo passou a ser visto como prisão da alma. Só a alma passou a ter valor. Salve a tua alma e basta! Quantas injustiças sociais e de gênero foram feitas em nome da dualidade. O evangelho de Tomé nos deixa o desafio de ver o corpo por inteiro, sem divisão. Viver como crianças e sem recalques. Será isso possível em tempos de globalização?

O Reino do Pai é semelhante a um homem que quer matar uma pessoa poderosa

A comunidade de Tomé conservou a memória de um texto polêmico em relação ao Reino. Assim diz Tomé 98: "Disse Jesus: o Reino do Pai é semelhante a um homem que quer matar uma pessoa poderosa. Apanhando a espada em sua casa, traspassou a parede. Queria saber se sua mão estava bastante resistente. Depois matou o homem poderoso".

Os evangelhos canônicos contam que um dos discípulos de Jesus cortou com a sua espada a orelha do servo do sumo sacerdote (Mt 26,51). Jesus disse que veio trazer a espada e não a paz (Mt 10,34).

Conhecemos, por meio dos evangelhos canônicos, as comparações do Reino com a semente de mostarda (Lc 13,18-19), com o fermento (Lc 13,20-21) etc., mas não com um homem que queria matar uma pessoa poderosa. O que isso significa? Conhecendo o contexto agrário da comunidade de Tomé e os conflitos advindos da luta pela terra na Palestina do tempo de Jesus, entendemos sem muita dificuldade essa sua fala. O homem poderoso representa o império romano que tirava as terras dos camponeses da Galiléia e as dava a seus apadrinhados políticos. Quem não se tornaria um revolucionário nessa situação?

Não acreditamos que Jesus tenha pregado a luta armada, mas a arte de resistir, sim. E se preciso for, por que não recorrer à espada? A mão precisa estar preparada, resistente a toda e qualquer parede que impeça o crescimento do Reino.

Por mais paradoxal que seja, os "homens poderosos" precisam receber o golpe da espada afiada para cair dos tronos erguidos com o sangue dos pobres. No tempo de Jesus, muitos movimentos de resistência tinham essa característica. Os sicários eram radicais revoltosos que mantinham uma faca curta e curvada debaixo da roupa. Daí o nome sícaro, isto é, faca. Eles se misturavam no meio da multidão em dia de festa e matavam as pessoas poderosas.

Esse texto da comunidade de Tomé permanecerá sempre como uma pulga atrás da orelha. Ele nos inquieta e deixa o caminho aberto...

A relação entre o evangelho de Tomé e os sinóticos

O evangelho de Tomé também se relaciona com os evangelhos sinóticos (Marcos, Mateus e Lucas), sobretudo nas parábolas conservadas por eles. Jesus, nessa perspectiva, é um crítico da ordem social estabelecida. O império romano e suas mazelas políticas e econômicas são atacados com o vigor e a sutileza dos ensinamentos proféticos de Jesus. Nesse sentido, Tomé é uma tradição alternativa sobre o Jesus histórico. As parábolas de Tomé, se consideradas do ano 50 E.C., nos revelam um Jesus diferente dos canônicos sinóticos: mais próximo dos camponeses excluídos do sistema econômico romano. É o que veremos na continuidade do nosso estudo sobre as parábolas em Tomé e nos sinóticos. Selecionaremos algumas parábolas e as analisaremos de forma sinóptica, isto é, vamos lê-las em relação.

O casamento entre parábola e alegoria nos evangelhos sinóticos

Não é justo pensar que as parábolas estão necessariamente unidas às alegorias. A tradição sinótica conservou desse modo as parábolas de Jesus. O evangelho de Tomé não segue esse caminho. Por que isso acontece? É o que veremos a seguir.

Um bom exemplo de uma parábola alegorizada encontra-se em Mt 13,47-50. A parábola (vv. 47-48) fala do Reino como rede lançada ao mar que apanha todo tipo de peixes. O que é bom é colocado em uma vasilha, mas o que não presta é jogado fora. Já a alegoria (vv. 49-50) diz que assim será no fim do mundo. Os anjos virão e farão a separação entre bons e maus. Os que não prestam serão lançados na fornalha ardente. Ali haverá choro e ranger de dentes.

O que é uma parábola?

Parábola é a tradução do substantivo hebraico *mashal*, que significa provérbio, comparação, zombaria, escárnio. O grego traduziu *mashal* por *parabolé*. O *mashal* tem sua origem popular e foi coletado pelos sábios da corte. Um *mashal* tem força moral de ensinamento. Jesus, ao falar por parábolas, coloca-se na mais pura tradição judaica.

As características de uma parábola são:

- fala do cotidiano das pessoas;
- retrata a realidade tal e qual;
- emerge da realidade, mas não a reproduz, transforma-a;
- fala por si mesma;
- chama a atenção para uma realidade;
- convoca a pensar: "Quem tem ouvidos para ouvir, ouça";
- fala da realidade agrária de Israel;
- tem sempre um quê de impensado e escandaloso;
- desperta o senso crítico do leitor/ouvinte para o seu contexto sociohistórico.

O que é uma alegoria?

A alegoria é o fruto da reflexão que a comunidade produz, tendo em vista o objetivo de encontrar uma solução para os seus problemas atuais. O sentido original de um texto pode ser transformado totalmente na alegoria. O que não constitui um problema para a comunidade que elabora a alegoria. Nos evangelhos as alegorias são uma tentativa de atualizar as parábolas de Jesus.

As características de uma alegoria são:

- fala por meio de alusões e insinuações;
- desperta a fantasia do leitor;
- está diretamente ligada ao grupo ou comunidade que produziu;
- trabalha com duas realidades correlatas. Uma delas recebe a primazia na análise e a outra fica em função dessa.

As alegorias foram usadas em grande escala pelas primeiras comunidades e na seqüência pelos pais e mães da Igreja. Santo Agostinho alegorizou a parábola do Bom Samaritano (Lc 10,29-37) na perspectiva da história da Igreja do seguinte modo:

- Homem caído: Adão;
- Jerusalém: Céu;

- Jericó: Terra;
- Samaritano: sacerdotes da Igreja Católica;
- Hotel: Igreja Católica;
- Hospedeiro: Papa;
- Duas moedas: sacramentos do batismo e confirmação.

Também nós, ainda hoje, temos a tendência de alegorizar os textos canônicos, interpretando parábolas etc. É um desafio não seguir esse caminho, embora ele nos seja familiar.

A alegoria é uma deturpação da parábola?

Não. Claro que não! A alegoria de uma parábola é sempre a tentativa de recontextualizá-la, o que era um procedimento comum no tempo de Jesus.

Os seguidores de Jesus não apenas preservaram as palavras e atitudes do Mestre, mas as adaptaram, criaram ou projetaram outras. O que não pode, por outro lado, levar-nos a afirmar simplesmente que Jesus falou por parábolas e as comunidades primitivas criaram as alegorias. No entanto, considerando as parábolas sinóticas em relação às de Tomé, essa conclusão é quase inevitável. Por isso, podemos dizer que daí algumas questões permanecem, tais como:

a) A alegorização das parábolas não nos legou um rosto de Jesus que não é o histórico?

b) As alegorias fazem parte do ensinamento de Jesus?

c) Não são as alegorias conseqüências lógicas da experiência de fé das primeiras comunidades?

d) Como encontrar o Jesus histórico nas alegorias?

Quem sabe a compreensão dessas questões possa ser facilitada pelo estudo comparado das parábolas de Tomé e sinóticos e suas respectivas alegorias, nos evangelhos sinóticos.

A parábola do semeador em Tomé e Marcos

Tomé 9	Mc 4,3-9.14-20
	Ouvi!
Eis que saiu o semeador.	Eis que o semeador saiu para semear.
Encheu sua mão e lançou as sementes.	Ora, enquanto semeava,
Algumas caíram na estrada.	parte caiu à beira do caminho;
Vieram os pássaros e as apanharam.	vieram os pássaros e comeram tudo.
Outras caíram no meio das pedras:	Parte caiu também num lugar pedregoso,
não lançaram raízes na terra e não produziram frutos para o alto.	onde não havia muita terra; logo germinou porque não havia terra profunda; quando o sol se levantou, foi queimada e, por lhe faltarem raízes, secou.
Outras caíram entre os espinhos.	Parte também caiu entre os espinhos;
Estes as sufocaram e o verme as devorou.	Os espinhos cresceram e a sufocaram, e ela não deu fruto.
Algumas caíram em terra boa e produziram bom fruto para o alto.	Outros grãos caíram em terra boa e, crescendo e desenvolvendo-se, produziram fruto,
Produzindo sessenta e cem por um.	e renderam trinta por um, sessenta por um, cem por um.
	E Jesus dizia: Quem tem ouvidos para ouvir ouça!
	O semeador semeia a Palavra. Os que estão à beira do caminho onde a Palavra foi semeada são aqueles que ouvem, mas logo vem Satanás e arrebata a Palavra que neles foi semeada. Assim também as que foram semeadas em solo pedregoso: são aqueles que, ao ouvirem a Palavra, imediatamente a recebem com alegria, mas não têm raízes em si mesmos, são homens de momento: caso venha a tribulação ou uma perseguição por causa da Palavra, imediatamente sucumbem. E outras são as que foram semeadas entre espinhos: estes são os que ouviram a Palavra, mas os cuidados do mundo, a sedução da riqueza e as ambições de outras coisas os penetram, sufocam a Palavra e a tornam infrutífera. Mas há as que foram semeadas em terra boa: estes escutam a Palavra, acolhem-na e dão fruto, um trinta, outro sessenta, outro cem.

O contexto das comunidades de Tomé e Marcos

Podemos situar a comunidade de Tomé, que produziu esse texto, provavelmente no ano 50 da E.C. Nessa época, o império romano rouba as terras férteis dos camponeses da Galiléia e as passa aos seus apadrinhados políticos, como pagamento por favores. A ambição pela terra gera, então, conflitos de morte.

A comunidade de Marcos é de uma década posterior, do ano 60/70 da E.C. O império romano, nos anos 67-70, trava guerra sangrenta com a Palestina. Judeus e cristãos são perseguidos pelos romanos. Antes disso, a riqueza e a ambição do mundo querem seduzir a comunidade dos cristãos, mas ela resiste. A memória das palavras de Jesus mantém a comunidade no caminho do Reino.

O objetivo da comunidade de Tomé

A comunidade de Tomé está preocupada com a expropriação da terra. Muitos se tornam sem terra e são obrigados a sair de suas terras e peregrinar em direção às cidades. Tomé quer, com a Parábola do Semeador, recordar as fortes palavras de Jesus contra essa situação social inaceitável.

Imaginando o contexto agrário da parábola do semeador, ousamos alegorizar a parábola do seguinte modo:

- O semeador é o sem-terra à beira do caminho, seguindo em direção a Jerusalém.
- Os passarinhos são os romanos oportunistas que comem sem plantar, isto é, recebem de graça a terra fértil da Galiléia.
- Os espinhos simbolizam a luta do camponês para sobreviver.
- Semear é o protesto do camponês por não haver terra disponível para plantar.
- A terra pedregosa é Jerusalém, cidade onde vivem os opressores.
- A terra boa é o sinal evidente de que "temos terra para plantar", mas ela nos foi roubada.

A terra é um dom de Deus que não pode ser tirada do povo eleito. O Jesus histórico de Tomé ensina o camponês a resistir contra os falsos donos da terra e denuncia: "Mesmo que estejamos em tempos difíceis, tem semente que brota e produz cem por um! Resistir deve ser a nossa bandeira de luta".

A interpretação anterior é também uma alegoria trazida para os nossos dias, inspirada na pregação de Jesus. Não há como fugir da alegoria.

O objetivo da comunidade de Marcos

A comunidade de Marcos organiza a narração em vista da alegoria. A palavra é o fator de união da comunidade. A semente que cai em terra imprópria tem um destaque maior em Marcos, o que evidencia o drama da perseguição vivida por essa comunidade. Marcos ensina que a comunidade precisa ter fé diante das perseguições. Seguir o esquema do mundo com suas riquezas é o que mais dificulta o crescimento da palavra.

Os frutos da palavra são a própria palavra de Jesus que ajuda todos a permanecerem firmes. Jesus, a Palavra viva da comunidade de Marcos, é a força contra o império perseguidor e as ambições do mundo.

A parábola dos vinhateiros em Tomé, Marcos, Mateus e Lucas

Tomé 65	Mc 12,1-12	Mt 21,33-46	Lc 20,9-19
Ele disse:	Começou a falar-lhes em parábolas.	Escutai outra parábola.	Começou a contar ao povo esta parábola.
Homem de bem tinha uma vinha	homem plantou uma vinha	proprietário plantou uma vinha	homem plantou uma vinha
—	cercou-a com uma sebe, abriu nela um lagar e construiu uma torre (Is 5,1)	cercou-a com uma sebe, abriu nela um lagar e construiu uma torre (Is 5,1)	—

	arrendou-a a vinhateiros	arrendou-a a vinhateiros	arrendou-a a vinhateiros
arrendou-a a lavradores para que a cultivassem e lhe dessem parte dos frutos	—	—	—
Mandou	e viajou. No tempo oportuno, mandou	e viajou. No tempo oportuno, mandou	e viajou. No tempo oportuno, mandou
seu servo	um servo	seus servos	um servo
para receber o fruto da vinha	para receber parte dos frutos	para receberem os seus frutos	para receber o fruto da vinha
agarrado, espancado quase morto.	agarrado, espancado devolvido.	agarrados, espancados, mortos e apedrejados.	espancado, devolvido sem nada.
O servo contou ao patrão e este disse: provavelmente não o reconheceram.	—	—	—
Mandou outro servo	Mandou outro servo	Mandou outros servos	Mandou outro servo
espancado	batido na cabeça e insultado	espancado, morto, insultado	espancado, insultado e despedido sem nada
—	outros servos batidos e mortos	—	terceiro servo ferido e expulso da vinha
próprio filho	filho amado	seu filho	filho amado
o herdeiro	o herdeiro	o herdeiro	o herdeiro
agarrado e morto	morto dentro da vinha	morto fora da vinha	morto fora da vinha
—	reação do dono da vinha: destruir os vinhateiros infames e arrendar a vinha a outros que ofereçam o fruto	reação do dono da vinha: vir e destruir os vinhateiros infames e dar a vinha a outros	reação do dono da vinha: vir e destruir os vinhateiros e dar a vinha a outros
—	Jesus disse: "a pedra que"... (Sl 118,22-23)	Jesus disse: "a pedra que"... (Sl 118,22-23)	Jesus disse: "a pedra que"... (Sl 118,22-23)
—	Procuraram prendê-lo, mas ficaram com medo da multidão, pois falava contra eles.	Procuraram prendê-lo, mas ficaram com medo da multidão, pois falava contra eles, os chefes dos sacerdotes e fariseus.	Procuraram prendê-lo, mas ficaram com medo da multidão, pois falava contra eles, os chefes dos sacerdotes e escribas.
Quem tem ouvidos, ouça!	—	—	—

As interpretações tradicionais da parábola dos vinhateiros

A leitura atenta desses textos nos revela conflitos não só entre os líderes religiosos da Palestina e Jesus, mas também entre agricultores e donos de terra. O contexto é eminentemente rural. Historicamente, os vinhateiros desse episódio foram interpretados como vilões da história. Basta ver o título que a Bíblia de Jerusalém dá à passagem: "Parábola dos vinhateiros homicidas". Ousamos interpretar esta parábola sob o viés da questão social e, sobretudo, na perspectiva da comunidade de Tomé.

São dignas de nota as diferenças entre os textos apresentados por Tomé e os sinóticos. Tomé não induz o leitor a interpretar a parábola de forma cristológica, isto é, tendo Cristo como centro da narrativa. E talvez por isso ele tenha sido deixado de lado pela tradição. As interpretações convencionais da parábola dos vinhateiros seguiram dois caminhos, a saber:

a) *Alegórica*: Jesus, ao contar essa parábola, teria em mente uma síntese da história da salvação, o que resultou na seguinte alegoria:

- *O Senhor da vinha*: é Deus que propõe uma aliança.
- *A vinha*: é a aliança que Deus fez com seu povo.
- *Os vinhateiros*: são os israelitas que formam o povo de Israel.
- *Os escravos*: são os profetas e os sábios enviados por Deus para recolher os frutos. Eles não obtiveram sucesso. E Deus enviou seu Filho amado.
- *O filho amado*: é Jesus, que acabou sendo morto.
- *Os outros servos*: são a Igreja Católica, à qual Deus decide entregar a vinha.

b) *Cristológica*: Jesus é o Filho amado de Deus que cumpriu seu papel na história da salvação. As primeiras comunidades logo compreenderam a missão de Jesus. Assim, nessa parábola, Jesus só poderia estar falando de si mesmo. O envio de Jesus ao mundo faz parte do plano salvífico de Deus. Jesus morrerá fora da vinha, isto é, fora de Jerusalém. Jesus é a pedra que os construtores rejeitaram, o que justifica a presença do Sl 118 nos textos sinóticos. Cristo morreu e ressuscitou por obra de Deus. Jesus é o Filho amado de Deus. A interpretação cristológica da parábola dos vinhateiros é a resposta das comunidades sinóticas ao conflito vivido com o judaísmo. Os vinhateiros são as autoridades do templo que brigam com os cristãos. Essas autoridades entendem que Jesus falava para elas. Elas já o tinham matado e agora queriam também acabar com os seguidores, perseguindo-os. Os judeo-cristãos reafirmam a seus irmãos judeus a fé em Jesus como realizador das promessas.

As duas interpretações, tanto a alegórica quanto a cristológica, não são adequadas ao nosso entendimento. Identificar os vinhateiros com o povo de Israel, para jogar a culpa neles pela morte de Jesus, não é o melhor caminho. Jesus sofreu a paixão por obra das lideranças do povo judeu e do império romano.

O sentido da parábola dos vinhateiros segundo a comunidade de Tomé

No texto de Tomé fica claro que a parábola fala de um grupo de trabalhadores, que, para não entregar o fruto do seu trabalho ao dono da vinha, acaba agindo de forma violenta, seja espancando escravos, seja matando o herdeiro da vinha. O centro da parábola em Tomé está na questão fundiária da época. Um conflito entre meeiros (arrendatários) e proprietários de terra estava acontecendo. O homem rico do texto de Tomé representa aqueles que acumulavam as terras roubadas dos camponeses pobres da Galiléia. O conflito de terra fica evidente no momento da colheita. O proprietário quer o fruto da vinha. Os trabalhadores defendem os seus direitos. O envio do filho, o herdeiro, tinha como objetivo intimidar os trabalhadores.

A parábola em Tomé, contrária aos sinóticos, simpatiza com a ação dos vinhateiros. Ele não traz a reação do patrão. A atitude inusitada e revolucionária dos vinhateiros quer reafirmar que a única saída que lhes resta é resistir para recuperar a herança perdida. Resistir! Resistir! Desse modo, Tomé incentiva as comunidades da Galiléia a tomar posição contra os romanos, os quais lhes tinham roubado as terras. A violência, mesmo sendo detestável, é o caminho inevitável. Que absurdo! Era essa a função da parábola, mesmo que isso nos assuste.[4]

A parábola dos vinhateiros, ou melhor, dos agricultores espoliados e revolucionários, não é cristológica, mas reflete questões sociais. O Jesus histórico da comunidade de Tomé, com essa parábola, conclamava os seus a resistir diante da exploração romana. A terra é um dom de Deus dada ao seu povo e que não pode ser usurpada pelos estrangeiros.

Por que as comunidades de Marcos, Mateus e Lucas interpretaram as palavras de Jesus de modo diferente? Elas estão erradas? Não. Elas não erram, simplesmente atualizam a mensagem de Jesus nos seus contextos. Naquele momento histórico era importante demonstrar que Jesus era o Filho amado enviado por Deus.

Também hoje, as palavras de Jesus, segundo a comunidade de Tomé, permanecem atualíssimas. Quantos sem-terra vivem à espera de dias melhores. Sonham que um dia voltarão para suas terras roubadas pelos ricos modernos do neoliberalismo. Ou qualquer semelhança com os nossos dias é mera coincidência?

---

[4] Cf. VASCONCELOS, Pedro Lima. E lhes falava em parábolas; Uma introdução à leitura das parábolas, *Mosaicos da Bíblia*, Koinonia, Rio de Janeiro, n. 19, 1995. O estudo de Pedro Lima sobre as parábolas é inovador. Devemos a ele o teor da reflexão sobre as parábolas do Semeador e dos Vinhateiros, bem como a distinção entre parábola e alegoria.

A parábola da semente de mostarda

Tomé 20	Mc 4,30-32	Mt 1,31-32	Lc 13,18-19
Os discípulos disseram a Jesus:	Ele dizia:	Jesus lhes propôs outra parábola:	Ele disse então:
Mostra-nos a que se assemelha o Reino de Deus?	Com que vamos comparar o Reino de Deus?	———	A que é comparável o Reino de Deus?
É semelhante a um grão de mostarda	É como um grão de mostarda	O Reino dos céus é comparável a um grão de mostarda	Ele é comparável a um grão de mostarda
———	———	que um homem toma	que um homem toma
———	quando é semeado na terra	e semeia no seu campo	e planta na sua horta
que é menor de todas as sementes,	é a menor de todas as sementes da terra,	é menor de todas as sementes.	———
mas quando cai em terra cultivada, produz	mas depois de semeada, cresce e torna-se a maior de todas as hortaliças e	Quando cresce, é a maior das hortaliças e torna-se uma	Ele cresce e torna-se uma
um grande ramo,	dá grandes ramos,	árvore,	árvore.
e torna-se abrigo para as aves do céu.	de tal forma que, à sua sombra, os pássaros do céu podem fazer seus ninhos.	de sorte que os passaros do céu vêm fazer ninhos em seus ramos.	E os pássaros do céu se abrigam em seus ramos.

Estamos diante de uma parábola[5] que ao ser transmitida recebeu algumas modificações. Analisemos essa passagem de acordo com as seguintes questões: Qual seria a intenção de Jesus ao contar essa parábola? Qual é o centro da parábola? Interpretações

---

[5] A interpretação das três parábolas que seguem devemos a John Dominique Crossan. *O Jesus histórico;* vida de um camponês judeu do mediterrâneo. Rio de Janeiro, Imago, 1994, pp. 313-318.

tradicionais insistem em mostrar o Reino como semente pequena que cresce e fica grande.

Vejamos três modos possíveis de ler a parábola da semente de mostarda a partir de seu centro.

Centro da parábola: *semente*. Compreendido desse modo, o enfoque desse texto está na passagem do pequeno para o grande. A pequena semente de mostarda é o novo Israel, isto é, os seguidores de Jesus, os quais se tornarão "grandes árvores". Tomé, Marcos e Mateus, com exceção de Lucas, falam desse menor que fica grande. Não acreditamos ser essa a melhor interpretação. Não obstante há de se considerar que cada seguidor do Reino é chamado a lavrar constantemente o seu interior para deixar a semente do Reino crescer e produzir abundantes frutos.

a) *Centro da parábola*: *árvore*. Nesse sentido, o pequeno Israel tornar-se-ia uma grande árvore apocalíptica. Textos do Primeiro Testamento falam do cedro do Líbano como árvore apocalíptica (Sl 104,12; Ez 31,3.6; Dn 4,10-12). E é nessa grande árvore que os pássaros fazem os seus ninhos. Acreditamos que se Jesus, de fato, quisesse referir-se a uma árvore apocalíptica, teria mencionado o cedro, e não a mostarda. Não, esse não pode ser o centro da parábola.

b) *Centro da parábola*: *pé de mostarda*. A mostarda é uma planta medicinal e culinária que chega a medir no máximo 1,50 m de altura. Ela se desenvolve melhor ao ser transplantada. Depois de plantada, torna-se uma erva daninha. Temos dois tipos de mostarda, a selvagem e a culinária. Por ser uma planta impura, o código deuteronômico (Dt 22,9) proíbe o seu plantio. O centro da parábola está, portanto, no pé de mostarda, seja ele doméstico ou selvagem. Assim é o Reino de Deus, ele chega e se esparrama. Não pode ser controlado, torna-se abundante como a nossa tiririca. Atrai pássaros, inimigos de qualquer agricultor. O Reino, depois de semeado, perde o controle, toma conta do terreno todo. Assim como o Reino, a mostarda é motivo de escândalo para muitos. O Reino é indesejável e violador das regras de santidade. Essa interpretação nos ajuda a compreender o valor do Reino.

A parábola do fermento

Tomé 96	Mt 13,33	Lc 13,20-21
O Reino de Deus	O Reino dos céus	O Reino de Deus
é semelhante a uma mulher	é comparável ao fermento	é comparável ao fermento
que tomou um pouco de fermento e misturou-o à massa	que uma mulher põe em três medidas de farinha	que uma mulher toma e mistura em três medidas de farinha
e fez grandes pães.	de tal forma que a massa toda fica fermentada.	de tal modo que a massa toda fica fermentada.

A interpretação tradicional dessa passagem considerou o fermento como ponto crucial na compreensão dessa fala de Jesus sobre o Reino. Ousamos perguntar se, de fato, nisso estaria o centro desse texto. Para uma nova compreensão do texto, é necessário entender a simbologia usada por Jesus, que as comunidades de Tomé, Mateus e Lucas conservaram.

a) *Mulher*: representa a impureza religiosa e a fertilidade. Suas *regras* deviam ser controladas pelos sacerdotes. Dessa forma, o sagrado estaria também sob controle. Por outro lado, a mulher e a Torá (lei, caminho, conduta) eram os bens preciosos dos judeus. Sem elas, a vida não se multiplicaria.

b) *Fermento*: símbolo também da impureza e da corrupção moral. O fermento era feito da putrefação da batata, escondida por vários dias em um lugar escuro. O fermento cheirava mal e era detestado por judeus piedosos e escrupulosos. O medo de tocar em coisas impuras e tornar-se uma delas levava os judeus a estabelecer regras de contato com coisas e pessoas impuras. A "lei da santidade" (Lv 17) é um exemplo claro desse modo de pensar judaico. "Sede santos como eu sou santo" (Lv 19,2) passou a ser símbolo de pureza moral.

c) *Três medidas*: o fato de o fermento ser colocado em três medidas de farinha pode não significar nada em absoluto, mas pode também ser uma alusão ao *Shemá Israel* (Escuta, ó Israel), profissão de fé israelita baseada no amor vivido com o coração, o ser e as posses (Dt 6,4-9). Em vários textos bíblicos do Segundo Testamento encontramos alusão ao *Shemá*.[6]

d) *Grandes pães*: só a comunidade de Tomé se preocupou em mostrar que a ação da mulher resulta em grandes pães. É o Reino de Deus que provoca grandes mudanças. Toda ação em prol do Reino é como uma massa que, trabalhada com carinho e dedicação, produz grandes pães.

Considerando a simbologia e as diferenças nos textos, suspeitamos que o centro da parábola de Tomé não esteja no fermento, mas no seu processo de fabricação. Ele é feito pela mulher, no escuro, é impuro e cheira mal. Assim também era considerada a mulher. Aceitar o Reino é ir contra o que está ocorrendo de errado na sociedade, é não aceitar o erro tido como coisa normal. O Reino ataca a estrutura má da sociedade. E por mais insignificante que seja, ele contagia, produz "grandes pães".

---

[6] Cf. FARIA, Jacir de Freitas. A releitura do *Shemá* Israel nos evangelhos e Atos dos Apóstolos, *Ribla*, n. 40, 2001.

A parábola do joio

Tomé 57	Mt 13,24-46
Disse Jesus: O Reino do Pai é semelhante a um homem que tem uma boa semente. De noite veio seu inimigo e semeou joio entre a boa semente.	Ele lhes propôs outra parábola: O Reino dos Céus é semelhante a um homem que semeou boa semente no seu campo. Enquanto as pessoas dormiam, veio o seu inimigo; semeou joio por cima, bem no meio do trigo, e foi embora.
	Quando a erva cresceu e deu espigas, então apareceu também o joio. Os servos do dono da casa vieram dizer-lhe: Senhor, não foi boa semente que semeaste no teu campo? Donde vem então que haja nele joio? Ele lhes disse: Foi um inimigo que fez isso. Os servos lhe disseram: Então queres que nós vamos arrancá-lo?
O homem não lhes permitiu que arrancassem o joio.	Não, disse ele.
Pode acontecer que, indo arrancar o joio, arranqueis com ele a boa semente.	Não aconteça que, tirando o joio, arranqueis o trigo com ele.
No dia da colheita o joio aparecerá.	Deixai que ambos cresçam até a ceifa, e na época da ceifa direi aos ceifadores:
Então será arrancado e queimado.	Apanhai primeiro o joio e amarrai-o em molhos para queimá-lo; mas o trigo, recolhei-o no meu celeiro.

A interpretação tradicional dessa passagem sempre identificou o joio com elemento ruim que impede o reino de crescer, e, por isso, no fim dos tempos será arrancado e queimado. Em outras palavras: o mal deve crescer junto com o bem (Reino). Não que esta interpretação esteja errada, mas sejamos ousados e perguntemos: não estaria Jesus querendo dizer que o Reino é o joio? Considerando a memória dessa passagem conservada pela comunidade de Tomé, não poderíamos concluir que o contexto dessa passagem seria o conflito agrário?

A comunidade de Mateus releu a parábola no contexto escatológico. E o fez muito bem! No entanto, considerando o modo como a comunidade de Tomé nos conta essa parábola, podemos definir o Reino de Deus de outro modo, ou melhor, de outros três modos sugeridos pelo texto. Vejamos! O que é mesmo o joio? Essa erva daninha, chamada joio, é uma graminha que cresce anualmente e é muito comum nos países do mediterrâneo oriental. É uma erva venenosa, seus grãos possuem toxina. O gado que a come, morre. O joio não cresce em terrenos com mais de 550 metros de altitude. Nos anos chuvosos cresce mais que o trigo. A experiência campesina aprendeu desde cedo que colher o joio junto com o trigo é desaconselhável, pois ele o contaminará. Daí o conselho que aparece no final de ambos os textos.

Mas, então, como definir de três modos o Reino de Deus nessa parábola? Ele pode ser comparado ao joio, ao fazendeiro próspero ou ao sem-terra.

a) *O Reino é como o joio*, essa erva daninha que cresce em qualquer lugar, sem pedir licença. O Reino é assim, chega e se esparrama, independentemente da vontade das pessoas, sejam elas ricas fazendeiras, sejam um pobre sem-terra. Ninguém pode impedi-lo. Assim aconteceu com o império romano, ele teve de aceitar o cristianismo como religião. Pena que a história escreveu também tristes páginas desse casamento.

b) *O Reino é como um fazendeiro próspero* que possui uma rica plantação de trigo e não pode impedir que cresça o joio (Reino de Deus) jogado na sua plantação pelo inimigo.

c) *O Reino é como o sem-terra* que não pode se livrar do grande fazendeiro que tirou as suas terras. Mas quando o joio cresce na plantação do fazendeiro, ele só pode rir.

O Reino está dentro de cada um de nós. Mesmo sendo arrancado e queimado, ele cresce em outro lugar. Ele se esparrama como o joio, mesmo que isso assuste o nosso pensar, acostumado a comparar o Reino sempre a coisas positivas.

O que podemos concluir do estudo comparado das parábolas em Tomé e nos sinóticos?

a) As parábolas são, na sua grande maioria, o retrato do Jesus histórico e as alegorias, interpretações das comunidades cristãs. Não basta apenas afirmar isto, é preciso conhecer o pano de fundo, o contexto que produziu ou reelaborou os textos, o que nos ajudará a compreender o enfoque apocalíptico e escatológico que os evangelhos canônicos conferiram às parábolas de Jesus.

b) A visão apocalíptica e escatológica estava presente nas comunidades, sobretudo no pós-morte de Jesus. As comunidades, ao constatarem que Jesus tinha morrido como qualquer mortal, se desesperaram. Incertezas e dúvidas pairavam no ar. A "certeza" da ressurreição de Jesus devolveu a esperança perdida. No entanto, o mistério continuava: como ocorreu a ressurreição? Quando e como será o fim dos tempos? Os evangelhos canônicos são uma tentativa de dar uma resposta a essas perguntas.

c) Mesmo considerando a decorrência natural da exegese tradicional de interpretar as parábolas de modo apocalíptico, não podemos deixar de constatar que as parábolas, sem as suas respectivas alegorias, estão ligadas ao contexto histórico-social-político-econômico do tempo de Jesus. As parábolas conservadas pela comunidade de Tomé nos ajudam a compreender isso com clareza. As parábolas tinham como objetivo, então, denunciar as injustiças e anunciar o Reino de Deus.

d) As alegorias respondem aos anseios e necessidades de cada comunidade e, por isso, têm pontos de vista diferenciados e até mesmo divergentes.

e) As parábolas fazem parte do imaginário simbólico do povo da Bíblia. Para entendê-las se faz necessário conhecer a simbologia semita.

f) Embora nos faltem instrumentos para uma melhor interpretação das parábolas, urge recuperar os textos apócrifos, como as parábolas de Tomé, para melhor compreendermos quem é Jesus, ou melhor, as outras faces de Jesus desconhecidas até então por nós. Não que queiramos pleitear um outro Jesus, mas conhecer outras vozes da tradição em relação a ele, que foram mantidas em segredo.

g) As parábolas eram um modo de ensinar da época de Jesus. O ensino era basicamente por meio da fala, da palavra, portanto, por meio de parábolas. Não é novidade nenhuma Jesus ter contado parábolas para o povo. Na tradição oral encontramos parábolas que outros mestres do judaísmo também contavam.

h) As interpretações que propomos das parábolas nos evangelhos de Tomé, Mateus, Marcos e Lucas não são absolutas, mas sim um jeito de reler e redescobrir sentidos novos. E não é essa a função do estudioso da Palavra de Deus: "tirar do baú coisas novas e velhas" (Mt 13,52)?

Assim como o evangelho de João, o de Tomé termina falando de Maria Madalena

Maria Madalena foi, com certeza, uma personagem que marcou presença no início do cristianismo. Sua liderança e relação íntima com o Mestre Jesus fizeram dela santa e pecadora.

Além do seu próprio evangelho, os canônicos a citam doze vezes; e assim como o evangelho da comunidade joanina, Tomé termina o seu falando o seguinte sobre ela:

Disse-lhe (a Jesus) Simão Pedro:
Maria deve afastar-se do meio de nós
porque as mulheres não são dignas da Vida.
Respondeu Jesus:
Eis que hei de guiá-la para que se torne Homem. Ela também virá a ser um espírito vivo, semelhante a vós, Homens.
Com efeito, toda mulher que se fizer Homem entrará no Reino de Deus (Tomé 114).

Algumas inquietações surgem ao ler esse texto. Por que o evangelho de Tomé termina falando de Maria Madalena? O que significa tornar-se homem? As mulheres não são dignas do Reino? A primeira pergunta já foi respondida. Restam as outras duas.

Esse texto deve ser entendido em sintonia com outras passagens do evangelho de Maria Madalena e do tratado gnóstico chamado *Pistis Sophia*, os quais descrevem a postura misógina de Pedro em relação às mulheres. Essa aversão de Pedro às mulheres é reflexo da disputa de liderança entre os primeiros cristãos. E nesse campo era normal que as mulheres não levassem a melhor, pois eram consideradas incapazes de aprender ensinamentos profundos. O grande pecado de Maria Madalena foi o de saber demais.

A expressão "tornar-se homem" seria mais bem traduzida por "integrar o masculino e o feminino" dentro de cada um de nós. Esse é um caminho de espiritualidade. Assim agia e pensava a comunidade dos gnósticos. Para eles, Jesus teria utilizado, em Mt 19,11-12, não o substantivo eunuco pelo Reino, mas andrógino,[7] termo grego que expressa a totalidade do ser humano conhecedor de si mesmo e de Deus. Um castrado não pode amar por inteiro.

---

[7] Cf. LELOUP, Jean-Ives. *O evangelho de Tomé*. Petrópolis, Vozes, 2000. p. 214.

Ao responder a Pedro, Jesus ironiza a sua atitude, dizendo que ele não podia fazer de Madalena um ser capaz de compreender e ensinar. Pedro pensava que só eles, os homens, possuíam essa faculdade.

Tanto as mulheres quanto os homens que não conseguem integrar o masculino e o feminino dentro de si não entrarão no Reino de Deus. A mulher dever fazer-se homem e o homem deve fazer-se mulher para entrar no Reino. Quem puder, compreenda!

5
A outra Maria, mãe de Jesus, segundo os apócrifos

Os principais textos e evangelhos apócrifos que citam ou contam sobre Maria são:

- História da natividade de Maria: Proto-evangelho de Tiago;
- Evangelho do Pseudo-Mateus;
- História de José, o carpinteiro;
- Evangelho armênio da infância;
- Evangelho dos Hebreus;
- Livro da infância do Salvador;
- *Pistis Sophia*;
- Aparição a Maria: Fragmentos de textos coptas;
- Lamentação de Maria: Evangelho de Gamaliel;
- Maria fala aos apóstolos: Evangelho de Bartolomeu;
- Trânsito de Maria do Pseudo-Militão de Sardes;
- Livro do descanso;
- O evangelho secreto da Virgem Maria;
- Evangelho árabe da infância.

Nesses evangelhos encontramos muitas informações que os evangelhos canônicos não registraram.[1] Como veremos, mui-

---

[1] Todos esses textos se encontram traduzidos para o português pelas editoras Vozes, Mercúrio e Paulus.

tas crenças de nossa devoção popular mariana provêm dos evangelhos apócrifos. Será que podemos falar de uma outra Maria, diferente daquela dos evangelhos canônicos? É o que veremos a seguir. Faremos uma síntese das informações sobre a vida de Maria. No final, teceremos algumas considerações críticas aos evangelhos sobre Maria.

A história dos pais de Maria

Os pais de Maria foram Joaquim e Ana. Aos vinte anos de idade, Joaquim, descendente da tribo de Judá, se casou com Ana, filha de Acar, da tribo de Judá. Vinte anos se passaram desse feliz matrimônio, sem que um filho ou filha viesse ao mundo, o que causava muita tristeza no coração deles. Mas Joaquim, o rico, piedoso e caridoso judeu, passava seus dias dando esmolas aos órfãos, pobres, viúvas e estrangeiros. Seu nome significa "elevado ou preparado por Deus". E assim foi a história de Joaquim, um caminho de preparação para se tornar o pai daquela que seria a mãe do Salvador de Israel. Certa vez, quando foi ao templo fazer sua oferta de expiação, o sacerdote Rúben não permitiu que ele entregasse as ofertas, pois não era um abençoado, isto é, não tinha dado a Israel uma descendência. A tristeza tomou conta de Joaquim. Nem voltou para junto de sua mulher. Ele foi para o deserto e ficou ali em jejum durante quarenta dias e quarenta noites. Outra tradição diz que ele fugiu para a montanha e aí permaneceu durante cinco meses.

Ana, tão logo ficou sabendo da notícia, gemia e chorava a sua esterilidade e viuvez, isto é, a ausência de Joaquim. Ana passou dias lamentando a sua infertilidade. No horto de sua casa viu um ninho de passarinhos num pé de louro. Ela rezou e clamou por fertilidade. E como o seu próprio nome já indica — Ana significa "misericórdia" ou "O Senhor compadeceu-se" —, Deus ouviu suas orações. Enviou um anjo para anunciar-lhe: "Ana, Ana, o Senhor Deus ouviu a tua oração. Conceberás e darás à luz e, em toda a terra, se falará de tua descendência". Um anjo também apareceu a Joaquim na montanha e lhe anunciou a gravidez de Ana. Joaquim se alegrou. Ofereceu um sacrifício. Narrou o acontecido aos servos e mercenários que estavam com ele. Durante trinta dias viajou de volta para a sua casa. Ana e suas servas o receberam com alegria na porta da cidade. Joaquim foi ao templo levar suas ofertas. Ao ver a insígnia[2] do sacerdote, ele teve a certeza de que Deus o perdoara. Ana concebeu e deu à luz uma menina, a qual pôs o nome de Maria e a consagrou por toda a sua vida a Deus.

A infância de Maria: pureza e consagração no templo de Jerusalém

Até os três anos de idade, Maria viveu com seus pais. Quando tinha seis meses, Ana a colocou no chão para ver se ela permanecia de pé. Maria deu sete passos e voltou para o colo da mãe. Então, Ana preparou para ela um santuário em seu quarto e não permitia que nada de profano e de impuro tocasse seu corpo.

O primeiro aniversário de Maria foi comemorado com uma grande festa preparada por seus pais. Sacerdotes, escribas, o conselho de anciãos e todo o povo participaram do banquete.

Quando completou três anos, Maria foi levada ao templo para aí viver como consagrada ao Senhor. Quando chegou ao templo, subiu com alegria os quinze degraus sem olhar para trás. Como uma pomba, isto é, em estado de pureza, ela viveu durante nove anos no templo. Recebia das mãos de um anjo o alimento diário. A comida que os sacerdotes lhe davam, ela a distribuía aos pobres. E se algum enfermo pobre conseguisse tocar suas roupas, ficava curado. Com apenas três anos de idade, já agia como uma pessoa de trinta. Era assídua no trabalho de lá, e, em sua tenra

---

[2] Lâmina de ouro que fazia parte da veste solene do sumo sacerdote.

idade, explicava coisas que mulheres anciãs não conseguiam compreender. Dedicava grande parte do dia à oração. No templo, ela recebeu a visita de um anjo, que, oferecendo-lhe pão e vinho para comer, disse que voltaria uma segunda vez para anunciar-lhe prodígios que aconteceriam em sua vida. Ninguém a viu irada nem a ouviu amaldiçoar. Meditava e estudava a Lei, coisa reservada somente aos homens. Ela nunca falava mal de ninguém. O sacerdote Abiatar apresentou ao pontífice um número infinito de presentes para tomá-la como esposa de seu filho. Maria rejeitou a proposta, argumentando que sua virgindade era uma oferta agradável a Deus.

Outra tradição diz que os pais de Maria, Joaquim e Ana, voltaram para casa e tiveram outra filha, a quem também deram o nome de Maria. Cinco anos depois, Joaquim e Ana morreram. Os parentes os enterraram com grande pompa, cuidaram da segunda Maria, a qual, mais tarde, passou a ser conhecida como mulher de Cléofas. Maria, no templo, também guardou luto por seus pais durante trinta dias.

Maria deixa o templo: primeira menstruação e o acolhimento de José

Quando completou doze anos, os sacerdotes disseram: "Não podemos deixar que a primeira menstruação dela ocorra no templo, pois manchará o santuário do Senhor nosso Deus". Caso isso acontecesse, a ira de Deus poderia recair sobre Israel. O sumo sacerdote entrou, então, no Santo dos Santos e rezou. A solução encontrada foi convocar os viúvos e jovens não-casados da tribo de Judá. Cada um deveria trazer um bastão. Aquele a quem o Senhor mostrasse um sinal, deste ela seria esposa. Todos os viúvos e jovens solteiros se reuniram no templo. O sacerdote recebeu deles as varas. Entrou no templo e rezou. Depois devolveu as varas. José, um viúvo carpinteiro que morava em Belém, foi o último a receber sua vara. Ela estava seca, mas eis que dela saiu uma flor que inundou com seu perfume todo o ambiente. Quando José elevou a vara, dela saiu uma pomba e pousou sobre sua cabeça.

Outra tradição diz que uma pomba mais branca que a neve e extraordinariamente bela saiu da extremidade do bastão e, depois de voar longamente pelas alturas do templo, lançou-se na direção do céu. E esse foi o sinal de que ele era o escolhido por Deus. Ainda outra tradição diz que foi tirada a sorte entre as tribos de Israel e essa caiu sobre José.

José recusou-se a aceitar Maria, pois, aos 90 anos, era um viúvo de idade avançada. Além disso, do seu casamento, tinha quatro filhos (Judas, Justo, Tiago e Simeão) e duas filhas (Lísia e Lídia). Todos iriam zombar dele. Um homem idoso com uma esposa jovem. Mesmo assim, José aceitou a designação de Deus e a levou consigo, com outras cinco virgens (Rebeca, Séfora, Susana, Abigéia e Cael) que deveriam permanecer com ela na casa de José até o dia marcado para tomá-la como esposa. Maria não poderia casar-se com outra pessoa. Essas virgens a chamavam de "rainha das virgens". Chegando à casa de José, Maria logo se afeiçoou a Tiago, o filho menor de José, que ainda sofria a ausência da mãe. Maria cuidou dele como mãe. O evangelho de Mateus fala, por isso, de Maria, mãe de Tiago (Mt 27,56), embora não o fosse. Maria também cuidava como mãe do outro filho pequeno de José, Simeão. Passado algum tempo, por motivo de trabalho, José, Maria e dois filhos menores se mudaram para Nazaré.

Maria em Nazaré: concepção e denúncia ao tribunal

Estando em Nazaré, Maria recebeu o convite dos sacerdotes do templo para, com outras virgens, tecer um véu para o templo. Certo dia, quando estava com seu cântaro apanhando água, um anjo lhe anunciou que ela era bendita entre todas as mulheres. Ela voltou para casa transtornada e aí recebeu outro anúncio, o da concepção pela palavra e pelo poder de Deus que a cobriria com sua sombra. Maria aceitou o anúncio tranqüilamente. "Faça-se em mim segundo a tua palavra", disse ela.

Outra tradição diz que o verbo divino penetrou em Maria através da orelha. Nesse instante, a natureza íntima do seu corpo, com todos os seus sentidos, experimentou uma grande comoção, a ponto de tornar-se purificada como o ouro no crisol. E nesse momento começou a sua gravidez, isto é, no dia 6 de abril, numa terça-feira, às três horas. Nesse instante, um anjo do Senhor apareceu na Pérsia para anunciar esse fato aos três reis mais poderosos daquele lugar. Eles eram irmãos descendentes de Balaão, magos e profetas. Seus nomes eram Melquior, rei da Pérsia; Baltasar, rei da Índia; e Gaspar, rei da Arábia. Quando o anjo chegou, eles estavam em uma reunião de família. Logo, eles se prepararam para a viagem.

Maria terminou de confeccionar o véu do templo e o levou ao sacerdote, em Jerusalém. Aproveitando a viagem, foi a *Ain Karen*, lugarejo perto de Jerusalém onde residia sua prima Isabel. Com ela permaneceu três meses, pois essa também estava grávida pelo mistério divino. À chegada de Maria, Isabel a saudou como "mãe do meu Senhor".

Outra tradição diz que Maria era prima de José, um jovem muito dedicado ao trabalho. Ela ficou grávida na casa de seus pais. Ana e Joaquim compreenderam o mistério ocorrido com a filha e mandaram-na para a casa da prima Isabel, de modo que Joaquim pudesse contar tudo a José. Esse resistiu ao saber da notícia da gravidez da futura esposa; resistiu, mas, por intervenção divina, aceitou Maria e o mistério. Após pagar o dote devido, casou-se com ela em um dia de festa para a família e os parentes.

Maria tinha dezesseis anos quando esses fatos lhe aconteceram. Passados seis meses e voltando de uma viagem, José percebeu que Maria estava grávida. Outra tradição fala de nove meses. As outras virgens disseram a José que tinham vigiado Maria. Somente anjos conversavam com ela. "Se queres que te confessemos nossa suspeita, nenhum outro a tornou grávida senão o anjo do Senhor", diziam. José se jogou ao chão e chorou amargamente. Ele se puniu por não ter cuidado como devia da virgem que lhe fora confiada pelos sacerdotes do templo. Ele chamou a atenção de Maria pelo desrespeito cometido por ela. Essa respondeu: "Eu sou pura e não perdi a virgindade. Tão certo como vive o Senhor meu Deus, não sei como me aconteceu isto".

Outra tradição diz que quando Maria completou catorze anos, José, voltando do trabalho, percebeu que Maria, ainda virgem, estava grávida de três meses. Ele quis despedi-la ocultamente, mas o anjo Gabriel em sonho lhe apareceu, e não o deixou fazer isso.

O escriba Anás, numa visita à casa de José, percebeu a gravidez de Maria e os denunciou ao tribunal do templo. Após serem repreendidos pelo sumo sacerdote e negado tudo, Maria e José foram submetidos ao teste da "água da prova do Senhor". Conforme o costume judaico, os indiciados deveriam beber essa água preparada com ervas amargas e dar sete voltas em torno do altar (Nm 5,12). Os culpados receberiam de Deus um sinal no rosto. A inocência de ambos foi confirmada. Alguns do povo suspeitaram ainda de Maria. Ela, então, declarou publicamente a sua inocência. Esses beijaram seus pés e abraçaram seus joelhos implorando o perdão. José tomou Maria e voltou para casa alegre, glorificando o Deus de Israel.

Outra tradição diz que Maria foi conduzida à sua casa pela multidão, os sacerdotes e todas as virgens com grande exultação e júbilo e aos gritos de: "Bendito seja o nome do Senhor pelos séculos, porque manifestou tua santidade a todo o seu povo, Israel!"

Maria a caminho de Belém: parto virginal e perseguição romana

No tempo do nascimento da criança, José teve de ir a Belém para o recenseamento. Ele partiu com toda a sua família. Perto de

Belém, em uma gruta escura e próxima ao sepulcro da matriarca de Israel, Raquel, José deixou Maria com seus filhos e foi procurar uma parteira. Encontrou uma que descia da montanha. Ela o acompanhou até a gruta. Chegando lá, a nuvem desapareceu e uma luz forte, que cegou os presentes, cobriu a caverna. Pouco depois, a luz começou a afastar-se e apareceu um recém-nascido, que foi sugar o peito de Maria, sua mãe.

Outra tradição fala de anjos na gruta de Jesus, logo após o seu nascimento. Maria não tinha nenhum sinal de sangue em seu corpo. O menino ficou de pé e todos o glorificaram.

A parteira, maravilhada, soltou um grande grito e saiu da gruta. Salomé veio ao seu encontro e ela contou o que tinha visto. Salomé disse que só acreditaria no que ela estava dizendo se colocasse o seu dedo na natureza de Maria. Ela assim o fez e sua mão ficou em chamas, ou, conforme outra tradição, secou. Só depois de pedir perdão e tomar o menino no colo é que sua mão voltou ao normal. Salomé soltou um grito de alegria e professou a fé em Jesus como rei de Israel. Um anjo lhe apareceu e pediu para não divulgar as maravilhas que tinha visto, antes que chegasse a Jerusalém. Depois disso, a família de José, ainda na gruta, recebeu a visita dos três reis magos. Aí eles permaneceram durante três dias. Herodes iniciou a perseguição aos inocentes. Quando Maria soube que as crianças estavam sendo massacradas, encheu-se de medo. Tomou o menino, envolveu-o em faixas e o colocou em uma manjedoura de bois. Outra tradição diz que Maria, ao sair da gruta, encontrou uma manjedoura e aí colocou o menino para que se cumprisse a profecia de Isaías. E até os animais o adoraram. No momento do nascimento de Jesus, o tempo parou. Isso aconteceu no dia 20 de maio, no ano 5500 depois da criação do mundo.

Outra tradição diz que Maria não concebeu de modo virginal, mas naturalmente do relacionamento conjugal com José.

Entre Belém, Egito e Nazaré: medo, reverência e morte de José

Tendo Salomé como companheira de viagem, José, Maria e o menino fugiram para o Egito e aí permaneceram por dois anos até passar a inveja de Herodes. Durante a viagem, sucedeu que de uma caverna saíram dragões. Maria teve medo. Jesus pulou de seu colo e ficou de pé diante deles e estes o adoraram. Leões e leopardos os acompanhavam pelo deserto, adorando Jesus e prestando serviços.

João, ainda menino, fora procurado pelos soldados de Herodes para ser morto. Isabel o escondeu nas montanhas, mas seu pai, Zacarias, não escapou da morte, pois negou-se a entregar o filho aos emissários de Herodes.

Outra tradição diz que no sétimo dia eles entraram em Belém. No oitavo dia fizeram a circuncisão de Jesus. Somente depois de dois anos é que, guiados pela estrela, vieram os magos do Oriente para adorar Jesus. Ao menino ofereceram, cada um, uma moeda de ouro; além disso, um deles ofereceu-lhe ouro, outro, incenso, e o terceiro, mirra.

Depois desses acontecidos, José voltou para Israel e passou a viver com sua família na cidade de Nazaré, no estado da Galiléia. Maria acompanhou-o até os últimos dias de sua vida. No dia de sua morte, Maria, com Jesus, estava no quarto com ele. Tocou seus pés e viu que ele tinha morrido. Chamou os filhos de José e anunciou a morte do pai. Jesus tinha vinte anos quando José morreu.

A experiência da morte de seu filho, Jesus: choro, visita ao túmulo e missão

Maria, presente aos pés da cruz de seu filho, é entregue a João, considerado o discípulo amado de Cristo por ter mantido a virgindade. No momento da morte de Jesus, Maria, vendo que Jerusalém era sacudida por abalos de terra, por sinais e por milagres lá em cima, no céu, que a terra tremia e a escuridão se espalhava pela cidade, exclamou em alta voz: "Esses milagres anunciam a morte de meu filho!" Enquanto ela falava, João voltou, parou perto dela e chorou. Maria, então, lhe perguntou: "João, meu filho morreu mesmo na cruz?" Ele inclinou a cabeça e lhe disse: "Sim, minha mãe, morreu!" E todo o povo que estava diante da cruz chorou unanimemente. Pilatos sentiu profundamente a morte de Jesus e confiou seu corpo a duas pessoas influentes da sociedade, José e Nicodemos. João contou a Maria que Jesus tinha sido sepultado com dignidade. Maria lhe respondeu, chorando: "Mesmo que o túmulo de meu filho fosse a arca de Noé, eu não teria nenhuma consolação, se não visse esse túmulo para derramar sobre ele minhas lágrimas".

Na manhã de domingo, quando as trevas ainda estavam de fora, Maria e outras oito mulheres foram ao sepulcro. Ao encontrarem o jardineiro, chamado Filogênio, do qual Jesus tinha curado o filho, Simeão, Maria tomou a palavra e lhe disse: "Eu te conheço". Respondeu Filogênio: "Tu és Maria, a mãe do Filho de Deus, tu que és júbilo, bênção, alegria". Mais adiante, ainda a chamou de irmã e virgem. Maria pediu a Filogênio que se acaso fosse ele quem havia tirado o corpo de Jesus, que o devolvesse. Esse respondeu, dizendo que fora ele quem havia oferecido intencionalmente aos judeus um túmulo que possuía perto de um jardim de legumes para colocar o corpo de Jesus. Pensava em voltar depois, tirar o corpo e cobri-lo de aromas e perfumes. E assim ele fez. Chegou a noite no túmulo. Ali encontrou um batalhão de anjos, potestades e virgens que cantavam em sua honra. Tinha também um carro ardente, todo abrasado como uma tocha. Filogênio viu os sete céus e Deus saindo das alturas com sua cortina de luz. Ele ressuscitou Jesus dos mortos. Também viu Pedro, que tocou sua mão e a segurou. Caso ele não tivesse agido assim, o jardineiro teria morrido. Enquanto Filogênio dizia estas coisas a Maria, o

Salvador surgiu no meio deles, no grande carro do Pai do mundo inteiro. E na língua de sua divindade, gritou: "Maria, mãe do Filho de Deus". Maria lhe respondeu: "Meu Senhor, meu Filho e Filho de Deus onipotente". Jesus lhe respondeu: "Salve a ti, que levaste a vida a todo o mundo! Salve, minha mãe! Minha arca. Salve, minha mãe, minha cidade, minha morada. Salve, minha veste de glória, da qual me revesti quando vim ao mundo. Salve, meu cântaro cheio de água santa. Salve a ti, que em teu seio trouxeste a vida ao mundo inteiro. Salve a ti, que recebeste todos juntos, os sete dons. Salve, placa fixada no paraíso do sétimo céu e que se interpreta *chomthomach*. Todo o paraíso se alegra pelo teu nascimento. Asseguro-te, Maria, minha mãe, quem ama, ama a vida". E Jesus prosseguiu: "Vai aos meus irmãos e dize-lhes que ressurgi dos mortos. Dize-lhes que irei a meu Pai, ao meu Deus e teu Deus. Recordai-vos das palavras que te disse. Eu virei a ti amanhã, na hora da luz... Dar-te-ei a minha paz, a eles e a ti Maria, minha mãe, a virgem verdadeira, o tesouro de pérolas, a arca da salvação para todos os filhos de Adão, ela que trouxe o corpo de Deus e seu verdadeiro sangue". E Maria pediu a Jesus que a abençoasse antes da sua volta aos irmãos, visto que ele pedira que não o tocasse, não obstante ser ela sua mãe. E Jesus respondeu dizendo que ela se assentaria à sua direita no seu reino. Estendendo a mão direita, abençoou-a, dizendo: "Tu serás bendita no céu e na terra; pelos anjos serás chamada cidade do grande rei. Quando tu saíres do corpo, virei a ti. Comigo estará Miguel. Gabriel estará a teu lado, pois não queremos que tenhas medo diante da morte, diante da qual todos tremem. Estarei a teu lado para transportar-te aos lugares da imortalidade e para que estejas comigo no meu reino. Deixarei teu corpo junto à arvore da vida, vigiado pelo meu querubim, com a espada de fogo, até o dia de minha realeza". Maria, então, se afastou dali e foi para junto dos apóstolos, a fim de comunicar-lhes que o Senhor havia ressuscitado dos mortos. Ela reuniu todos eles na casa dos apóstolos, no monte das Oliveiras, e comunicou-lhes a paz que o Pai lhe tinha dado.

Outra tradição diz que Maria, em prantos, foi sozinha ao sepulcro, viu a pedra rolada e perguntou quem teria feito aquilo. Compreendeu também que um milagre tinha acontecido com o seu filho. Um perfume exalava do sepulcro. Ela, de pé, viu, numa nuvem de incenso, Deus vestido de esplêndida púrpura celeste. Com ele conversou. Esse era, ao mesmo tempo, Jesus, seu filho. Jesus lhe dirigiu palavras de consolo. Melhor ver Jesus ressuscitado que um cadáver no sepulcro. Por um momento, Maria pensou que estava conversando com o jardineiro. Jesus a chama de minha mãe, dizendo que ninguém teria levado embora o seu cadáver, mas que teria sido ressuscitado pelo querer de seu Pai. Ao ouvir tudo isso, Maria cessou de chorar e disse-lhe: "Ressuscitaste, então, meu Senhor e meu filho? Feliz ressurreição!" E se ajoelhou para beijá-lo. Mas ele lhe disse: "Que te baste, ó minha mãe, a alegria de minha ressurreição... Corre aos meus irmãos, levando-lhes a notícia e o feliz anúncio de minha ressurreição de entre os mortos. Apressa-te, volta a eles, minha mãe! Não permaneças à direita de meu sepulcro; a multidão dos judeus e Pilatos virão ao sepulcro, para verem o que aconteceu". Depois de ter assim falado a sua mãe, Jesus se subtraiu aos seus olhos. Ela deixou apressadamente o túmulo e foi ter com os apóstolos e com as mulheres, levando-lhes a boa notícia. Ao contar-lhes o fato, acrescentou: "Ele disse: 'Precedo-vos em Jerusalém. Lá me vereis, e eu vos darei a minha bênção' ".

Dois anos depois: o anúncio de sua morte, o livro e a palma

Depois desses fatos, os discípulos se dispersaram para pregar. E Maria foi para a casa de seus pais, Joaquim e Ana, no monte das Oliveiras, próximo a Jerusalém. Dois anos depois, Maria recebeu a visita de um anjo anunciando a sua morte dentro de três dias. O anjo lhe trouxe um ramo de palmeira do paraíso do Senhor, o qual deveria ser levado à frente de seu féretro, quando, então, o espírito dela seria elevado do corpo. O anjo ainda disse:

"Teu filho te espera, acompanhado de coros angélicos". E acrescentou: "Peço-te que se reúnam junto de mim todos os apóstolos do Senhor Jesus Cristo". Ela também pediu ao anjo a bênção para que sua alma, ao sair do corpo, não encontrasse nenhuma potência infernal, nem visse o príncipe das trevas. O anjo lhe garantiu que nenhum mal lhe seria causado pelas potências infernais e que não iria ver o príncipe das trevas, pois somente aquele a quem ela tinha levado teria o poder sobre todas as coisas. Depois disso, o anjo retirou-se e a palma ficou resplandecente de luz.

Outra tradição diz que apareceu a Maria um Grande Anjo, isto é, Jesus, o qual lhe deu um livro contendo os fatos que sucederiam na sua morte. Maria deveria entregar esse livro aos apóstolos, os quais o leriam na sua presença. Maria reclamou o fato de receber somente um livro. Os apóstolos eram muitos. Perguntou pelo nome do Grande Anjo. Esse respondeu que no momento certo, isto é, no dia de sua glorificação, ela saberia quem era ele. Maria deveria ir ao monte das Oliveiras. Ali, ela ouviria o seu nome. Jesus também disse que em três dias o corpo dela repousaria.

E Maria revestiu-se de suas melhores vestes, tomou consigo a palma e foi para o monte das Oliveiras, onde rezou pedindo a Deus que o poder da Geena (lugar dos castigos e sofrimentos) não lhe causasse danos. Depois, voltou para seus aposentos.

Outra tradição diz que Maria, tendo o livro em suas mãos, foi para o monte das Oliveiras. Chegando lá, o monte se alegrou e as árvores se inclinaram para adorar o livro que ela trazia nas mãos. Aí, então, ela compreendeu que o Grande Anjo era Jesus. Com ele, Maria dialogou sobre os mistérios de sua vida passada. Jesus a fez relembrar a viagem para o Egito, o modo áspero como José a tratou e os prodígios que ele, ainda bebê, realizara. Maria perguntou pelo seu fim. Jesus lhe revelou que viria buscá-la no quarto dia. Ele ressuscitara no terceiro dia, mas ela e os apóstolos seriam levados no quarto dia. Todos, depois da morte, sairiam do corpo e dormiriam quatro dias seguidos. A Maria foram revelados esses segredos, os quais deveriam ser contados aos apóstolos. Estes, durante a vida de Jesus, fizeram essa mesma pergunta, mas não receberam essa resposta. Jesus continuou a revelar a Maria o seu poder na história de seu povo. Primeiro, ele relembra o poder da oração na vida dos mortais. A oração, disse ele, "ressuscita os mortos". Depois, fala sobre a felicidade e queda de Adão, o pedido dos apóstolos, a morte dos primogênitos, a súplica de Raquel, a libertação do povo por Moisés, o encontro dos ossos de José pelo povo. Todos esses relatos tinham o objetivo de mostrar o poder de Jesus na história. No final, o anjo revelou que seu nome era "Misericordioso", isto é, Jesus Cristo, que usa de misericórdia para com o seu povo. Jesus ordenou a Maria que contasse aos apóstolos os fatos revelados por ele. Depois, ele se transformou em luz e subiu ao céu. E Maria voltou para sua casa com o livro nas mãos. A casa tremeu por causa da glória do livro. Ela o envolveu com um pano e o colocou num lugar escondido da casa. Vestiu as vestimentas próprias para as invocações solenes e rezou. Terminada a prece, chamou uma serva e pediu a ela que chamasse todos os seus parentes e conhecidos. Eles vieram e ela lhes pediu para que cada um tomasse uma lâmpada e a mantivesse acesa até o terceiro dia. Todos fizeram o que ela lhes havia pedido. E Maria lhes disse: "Pais e irmãos meus, ajudemo-nos uns aos outros e permaneçamos vigilantes com as lâmpadas acesas. Não sei, meus irmãos, a hora em que virá a voz para me chamar; não sei quando devo partir, nem conheço a seta que está em sua mão". Maria ainda relatou o medo da morte, bem como o que sucede quando morre alguém. Dois anjos chegam, um da justiça e outro do pecado. Eles analisam a pessoa, e aquele que tiver o direito leva o defunto. As mulheres presentes começaram a chorar, pois perceberam medo naquela que é a mãe do mundo inteiro. Maria lhes pediu para não chorar. "Cantai, em vez de chorar", disse ela. Terminada a oração, sentaram-se e começaram a falar entre si sobre a grandeza de Cristo, que realizara milagres.

E aconteceu que num domingo, às nove horas da manhã, na cidade de Éfeso, onde João pregava, ele foi tomado, após um terremoto, por uma nuvem que o levou até a casa de Maria. Bateu na porta. Uma criada abriu-a e ele entrou imediatamente. Ao vê-lo, Maria se alegrou e o chamou de filho. Outra tradição diz: Pai

João. Recordando-lhe que Jesus, o nosso Mestre, a havia confiado a ele, disse-lhe: "Daqui a três dias abandonarei o corpo. Ouvi um judeu dizer: Esperemos o momento em que venha a morrer aquela que trouxe aquele redentor e queimemos o seu corpo". Em seguida, mostrou-lhe o vestido com que deveriam sepultá-la e a palma dada pelo anjo, a qual haveria de ser levada à frente do seu féretro até o sepulcro.

Outra tradição diz que João ficou triste ao saber que Maria morreria. Maria lhe pede que cuide bem do seu corpo após sua morte, pois havia escutado que os sumos sacerdotes iriam queimá-lo, porque dele havia nascido o sedutor. Levando-o à parte, Maria entregou a João o livro que recebera de Jesus, para que João o levasse adiante do féretro. João disse que entre eles havia um que era maior do que ele. Esse deveria levar o livro.

João ficou preocupado. Como organizaria sozinho o enterro? E ocorreu que, assim como João, todos os outros discípulos foram levados por uma nuvem e deixados à porta da casa de Maria. Eles se perguntavam por que estavam ali, e Maria lhes disse que Deus os trouxera até ela porque, visto que ela percorreria o caminho dos seres humanos, a função deles seria a de consolá-la na tribulação que estava por vir. E ainda disse: "Peço-vos, portanto, que permaneçamos juntos em vigília sem interrupção, até o momento em que o Senhor vier e eu for tirada do corpo".

Outra tradição diz que os apóstolos vieram de dois em dois sobre as nuvens. Os dois primeiros foram Pedro e Paulo, que também fora incluído no número dos apóstolos. Eles se alegraram pelo encontro inesperado. Todos se cumprimentaram. Pedro pediu a Paulo que rezasse por eles. Paulo não aceitou o convite, justificando que Pedro era uma coluna de luz, e que ele, Paulo, era uma planta nova. Os outros apóstolos confirmaram a fala de Paulo e pediram a Pedro, chamado por eles de bispo Pedro, nosso pai, para rezar. Pedro rezou. João se apresentou no meio deles. Pedro lhe perguntou pelos dias em que estava ali. Esse lhe contou como tudo acontecera. Convocou os apóstolos a não ter medo diante da morte e a consolar Maria. Os apóstolos entraram na casa de Maria. Essa se alegrou, rezou e mostrou a Pedro e aos outros apóstolos os preparativos do funeral. Na noite da vigília em preparação à morte de Maria, Pedro fez longos discursos para os presentes e, de modo especial, para as vinte e uma virgens que se encontravam no local. Ele falou até o surgir do sol. Maria levantou-se, saiu de casa e rezou a sua oração. Depois, voltou para dentro e deitou-se. Sua missão havia se completado. Veio um grande terremoto e espalhou um odor suave como de um paraíso. Todos adormeceram, exceto as virgens.

O dia em que Maria morreu

Após três dias de oração, todos permaneceram adormecidos, exceto os apóstolos e três virgens que se encontravam no recinto. Jesus veio, então, com uma multidão de anjos. Esses cantavam e houve um grande resplendor no lugar. E o Salvador lhe disse: "Vem, pérola preciosíssima; entra no recinto da vida eterna". Maria prostrou-se em terra e disse: "Bendito seja o teu nome glorioso, Senhor meu Deus, que te dignaste a escolher tua serva e confiar-lhe o profundo mistério. Lembra-te de mim, Rei da Glória. Sabes que te amei de todo o coração e guardei o tesouro que me confiaste. Recebe-me como tua serva e livra-me do poder das trevas, para que não sofra nenhum encontro com Satanás, nem veja os espíritos tétricos que me rodeiam". Jesus respondeu-lhe dizendo que quando estava na cruz, o príncipe das trevas viera a ele, porém não encontrara nenhum sinal de suas obras e afastara-se, vencido e humilhado, mas que ela o veria pela força da lei do gênero humano, cuja saída é a morte, porém nenhum mal ele lhe faria, pois ele estaria com ela para ajudá-la. Maria, então, se levantou do chão, deitou-se na cama e, dando graças a Deus, entregou o espírito. Os apóstolos viram que sua alma era branquíssima, com uma claridade que superava a brancura da neve, da prata e de todos os metais.

Outra tradição diz que Pedro interrogou a Jesus sobre quem tinha uma vestimenta pura como a de Maria. Jesus respondeu dizendo que todos os eleitos presentes tinham uma alma semelhante. E apresentou Maria como sinal de pureza original.

O Senhor disse a Pedro que levasse o corpo de Maria à direita da cidade, do lado oriental, onde encontraria um sepulcro novo para colocar o corpo. E ali deveria esperar até que ele voltasse. Depois de dizer isso, o corpo gritou no meio do esplendor: "Lembra-te de mim, ó Rei da glória, porque sou a tua imagem. Lembra-te de mim, porque guardei o grande tesouro que me foi confiado". Jesus disse ao corpo: "Não te abandonarei, margarida nova do meu tesouro. Não, não te deixarei, santuário fechado de Deus. Não, não abandonarei o verdadeiro penhor. Não, não te deixarei, porque me trouxeste e guardaste. Não, não deixarei o tesouro selado, até o momento em que o procurarei". Após dizer isto, houve um grande fragor. Jesus, então, entregou o corpo de Maria a Miguel, o guardião do paraíso e príncipe do povo judeu, e voltou ao céu. As três virgens, Pedro e os apóstolos lavaram o corpo, o amortalharam e o colocaram no leito. O corpo de Maria era semelhante a uma flor de lírio e exalava perfume tão suave que não se pode encontrar outro igual. Uma luz o envolvia. Os que estavam dormindo, acordaram. Pedro pediu a João, por ser virgem, que lesse o livro, que cantasse salmos diante do leito. João retrucou que Pedro, por ser pai e bispo, era quem deveria fazê-lo.

Durante a procissão do enterro de Maria: incredulidade, mão seca e profissão de fé

O corpo foi colocado no esquife. Houve uma discussão entre eles para saber quem levaria a palma adiante do féretro. João ou Pedro, considerado por todos o chefe dos apóstolos? Pedro disse que João deveria levar a palma, pois somente ele fora escolhido como virgem pelo Senhor. No seu peito o Senhor tinha reclinado a cabeça e, além disso, Maria fora entregue aos seus cuidados por Jesus. Outra tradição diz que foi Maria quem recordou esses fatos a João, logo que ele chegou a sua casa. Além disso, ela reforçou que João tinha a firme decisão de permanecer virgem.

E assim foi o cortejo fúnebre: João levava a palma à frente, uma grande nuvem com exército de anjos cobria o féretro, toda a terra ressoava um suavíssimo cântico. E Pedro cantou: "Quando Israel saiu do Egito, aleluia". De Jerusalém saiu uma multidão de 15 mil pessoas que se perguntavam pelo motivo do cântico dos anjos. Um deles explicou que Maria havia saído do corpo e que os discípulos de Jesus cantavam seus louvores. Na multidão se encontrava o chefe dos sacerdotes dos judeus. Este, cheio de ira diante da glória recebida por aquela que havia gerado quem os tinha confundido, tentou virar o esquife e atirar o corpo por terra, mas, no mesmo instante, suas mãos ficaram secas desde o cotovelo e permaneceram presas no caixão. Enquanto os apóstolos levavam o esquife, ele se retorcia de dor. Os anjos feriram de cegueira o povo. Então aquele chefe implorou a Pedro dizendo: "São Pedro, peço-te que não me desprezes agora que estou necessitado e sofro este horrível tormento. Lembra-te de que, quando aquela criada te reconheceu no pretório, fui eu quem falou em tua defesa". Pedro respondeu que não podia fazer nada por ele, mas que se acreditasse de todo o coração no poder de Jesus Cristo, a quem Maria havia trazido no seio, permanecendo virgem depois do parto, a clemência de Deus o salvaria. O chefe dos sacerdotes disse que acreditava nas palavras de Pedro. Esse fez parar o cortejo. Pedro lhe disse: "Aproxima-te do corpo, beija o esquife e repete: creio em Deus e no Filho de Deus, Jesus Cristo, que esta trouxe em seu seio; e creio em tudo o que me disse Pedro, o apóstolo de Deus". Assim fez aquele homem e, no mesmo instante, sua dor e suas mãos ficaram curadas. Todos choraram de alegria ao ver tamanha fé. E Pedro lhe pediu para pegar a palma da mão de João, entrar na cidade e impor a palma sobre os olhos dos cegos para curá-los. Assim, muitos creram no chefe dos sacerdotes e foram curados, e, os que não creram, morreram. Depois que ele impôs a palma, devolveu-a a João, e contou o que tinha acontecido aos apóstolos.

Outra tradição diz que alguns dos judeus saíram armados com espadas e lanças para matar os apóstolos e jogar o corpo de Maria com o livro numa fossa. Furiosos, lançaram-se sobre o esquife para derrubá-lo. As mãos de um deles ficaram presas ao esquife, separadas dos braços. Esse homem, então, caiu em pranto diante dos apóstolos e suplicava o perdão. Disse a Pedro: "Lembra-te de meu pai. Ele era porteiro e te ajudou. Faço esse pedido, porque és discípulo daquele homem que ensinou o perdão". Pedro lhe disse que a cura não competia a ele, mas que se confessasse a fé em Jesus, a cura seria possível. Ele disse que acreditava. Pedro lhe pediu que beijasse o corpo de Maria, dizendo: "Creio em ti e no fruto que saiu de ti". Ele o fez e voltou ao normal. Pedro lhe deu uma folha do livro e lhe disse para entrar em Jerusalém e impor a folha sobre os olhos dos cegos e eles seriam curados. Muitos foram curados por aquele gesto.

Maria no túmulo: assunção e discussão entre os apóstolos sobre os mistérios revelados no monte das Oliveiras

Os apóstolos chegaram ao lugar indicado por Jesus, no vale de Josafá, onde depositaram o corpo de Maria, e se sentaram à porta do sepulcro. João pediu a Pedro que lhe revelasse os mistérios que Jesus lhes tinha revelado no monte das Oliveiras. Pedro disse que não podia revelá-lo, pois não estava preparado. Paulo, então, começou a pregar. Falou por muito tempo. Os apóstolos não concordaram com as palavras de Paulo e murmuraram. O Senhor apareceu rodeado de anjos, saudou-os com o desejo de paz, reafirmou a escolha de Maria para que dela ele pudesse nascer e perguntou aos apóstolos o que eles queriam que ele fizesse por ela. Pedro e os apóstolos disseram que, pela graça do poder de Deus, seria justo que ressuscitasse o corpo de sua Mãe e que a conduzisse ao céu, para que, vencida a morte, ela pudesse reinar com ele no céu. E o Salvador respondeu: "Faça-se segundo o vosso parecer".

Jesus deu ordem ao arcanjo Gabriel que trouxesse a alma da santa Maria. Ele girou a pedra do sepulcro. E Jesus disse: "Sai, minha amiga! Tu, que não aceitaste a corrupção do relacionamento carnal, não sofrerás a dissolução do corpo no sepulcro". E naquele momento ressuscitou Maria do sepulcro. Ela, então, bendisse ao Senhor e, atirando-se a seus pés, o adorou, dizendo: "Senhor, não posso render-te graças dignamente pelos imensos benefícios que te dignaste conceder a mim, tua serva. Que teu nome, Redentor do mundo, Deus de Israel, seja bendito para sempre". Jesus, então, a beijou e retirou-se, entregando sua alma aos anjos para que a levassem ao paraíso. Jesus também beijou os apóstolos e os confirmou no ministério. Prometeu que estaria com eles até o fim do mundo. Uma nuvem o encobriu e o levou ao céu, com os anjos que levavam Maria ao paraíso de Deus. E uma nuvem reconduziu os apóstolos aos lugares onde eles deveriam pregar.

Outra tradição diz que Jesus veio com Miguel e outros anjos. Jesus sentou-se no meio deles e disse: "Ave, Pedro, bispo, e João, que és virgem. Vós sois a minha herança. Ave, Paulo, que aconselhas coisas boas". Pediu a Paulo que não se entristecesse pelo fato de a ele não terem sido revelados os mistérios da glória. Então, o Senhor fez um sinal a Miguel, que falou aos anjos. Vieram dez mil anjos e esses levaram o corpo de Maria para o paraíso. Jesus também deu ordens para levar os discípulos para junto dele. Quando chegaram ao paraíso, depuseram o corpo de Maria junto à arvore da vida. Tomaram sua alma e a colocaram sobre seu corpo. Em seguida, os apóstolos visitaram a morada dos mortos, o lugar dos tormentos, o paraíso e o sétimo céu. Jesus disse aos discípulos para anunciar na terra tudo o que viram. Para Maria foi trazido um trono. Estavam em redor dela dez mil anjos e três virgens. Ela se sentou e foi para o paraíso. Os apóstolos foram conduzidos por Miguel ao monte das Oliveiras.

O que os evangelhos apócrifos nos revelam sobre Maria?

A história de Maria que os evangelhos apócrifos conservaram é composta de dados que não estão na Bíblia. Aliás, a Bíblia registrou poucas informações sobre essa personagem tão cara e controvertida entre cristãos de ontem e de hoje. Enumeramos algumas de nossas intuições diante da leitura atenta desses textos apócrifos.

1. *A devoção popular em relação a Maria.* A leitura dos textos apócrifos sobre Maria, a mãe de Jesus, é uma viagem fascinante. Quem começa não quer parar. Muitas curiosidades são sanadas ou deixadas em aberto diante das possíveis "fantasias" relatadas. Muitas tradições religiosas em relação a Maria, guardadas na memória popular e em dogmas de fé, têm suas origens nos apócrifos, assim como: a palma e o véu de nossa Senhora; as roupas que ela confeccionou para usar no dia de sua morte; sua assunção ao céu; a consagração a Maria e de Maria; os títulos que ela recebeu na ladainha que lhe foi dedicada; os nomes de seu pai e de sua mãe; a visita que ela e Jesus receberam dos magos; o parto em uma manjedoura etc. A nossa devoção mariana é mais apócrifa que canônica.

2. *A virgindade total de Maria.* A pureza virginal de Maria é defendida pela quase totalidade dos apócrifos. Segundo essa tradição, ela era virgem antes, durante e depois do parto. Uma opinião apócrifa, para demonstrar sua total adesão à idéia da concepção virginal de Maria, chega a dizer que ela concebeu pela orelha. No entanto, havia também vozes discordantes, como a da comunidade do evangelho de Filipe, que defendia o relacionamento marital entre José e Maria, e também o seu parto teria sido normal. Ao falar da virgindade de Maria,

143

a comunidade dos apócrifos tem intenção mais apologética que histórica. A pureza de Maria é demonstrada pela sua vida consagrada no templo de Jerusalém. Ela está sempre em contato com o sagrado. Quando nasce Jesus, a virgindade é mantida. A parteira Salomé ousou testar com o seu dedo a virgindade de Maria e acabou tendo as mãos em chamas. O teste corporal que Salomé fez comprovou a virgindade de Maria. Também, quando a gravidez de Maria é denunciada aos sacerdotes, esses confirmam a sua virgindade com o teste da água amarga. Maria não foi culpada de adultério. José tinha certeza de não ter tido nenhum relacionamento sexual com ela, portanto, ela era virgem. Também dos outros filhos de José, os apócrifos dizem que eles eram do primeiro casamento. Logo, Maria não teve outros filhos, permaneceu virgem até a morte. Os irmãos de Jesus eram irmãos de criação. Nem é preciso recorrer à interpretação de Jerônimo (séc. IV E.C.) que entendeu o substantivo irmão dos evangelhos canônicos como primos, parentes. Nos diálogos que Maria tem com os apóstolos, anjos e Jesus sempre vem ressaltada a sua condição de virgem. As virgens são suas amigas no templo. Um grupo delas é designado para o seu cuidado na casa de José. No seu velório, virgens preparam o seu corpo e seguem o cortejo. João, aquele que recebeu o encargo de cuidar dela, leva a palma da virgindade de Maria, porque também se mantivera virgem. Esses e tantos outros elementos nos mostram como as comunidades discutiram a questão da virgindade mariana, bem como reafirmam as informações sobre esse tema nos evangelhos canônicos. Por outro lado, defender a virgindade era também sinal de que o corpo não tinha valor. Esse desprezo pelo corpo e seus prazeres não teve um desfecho feliz na história da humanidade cristã. Os primeiros cristãos receberam influência do pensamento dualista que pregava a separação entre alma e corpo, trevas e luz, vida e morte, Deus e mundo. Assim, tudo o que se dizia pertencer ao mundo era desprezado, pois o mundo era considerado uma armadilha dos poderes do mal. Deus está longe do mundo e não tem muita influência sobre a vida espiritual das pessoas. A cada ser humano restava o desafio de tornar-se um ser espiritual de verdade, abstendo-se da vida sexual ou de cair na desgraça total, nos prazeres do corpo. A alma morava no céu e caiu no corpo, um dia ela teria que retornar ao paraíso. Quando a alma conquista o conhecimento, ela inicia o processo de viagem ao céu. Essa era uma viagem perigosa, pois no trajeto entre a terra e o céu vivem os anjos decaídos, os anjos maus, prontos para tomar a alma. A alma, então, tinha de ser sábia para enfrentá-los. A sua única arma seria a pureza virginal, que lhe garantiria a natureza divina. Os evangelhos apócrifos do Trânsito e Descanso de Maria revelam que ela teve medo de encontrar-se com Satanás quando saísse de seu corpo, por isso pediu a proteção dos apóstolos na custódia do seu corpo.

3. *A liderança de Maria no grupo dos apóstolos.* As ações de Maria que os apócrifos relatam mostram que ela exercia liderança entre os primeiros cristãos, sobretudo entre os apóstolos. Ela tinha o poder de convocá-los para uma assembléia. Era sua Senhora. Jesus a encarregou de anunciar aos apóstolos a sua ressurreição. No templo, Maria despertava a admiração dos homens sacerdotes. Quiseram arrumar um casamento para ela com o filho de um sacerdote, mas ela mesma rejeitou a proposta. Maria era chamada de "Força", Mãe das luzes.

Era discípula e apóstola de seu Filho. Tinha o poder de conversar com o ressuscitado. É bem verdade que Pedro aparece em vários episódios da vida de Maria. Ele é quase sempre chamado de bispo e pai da comunidade. A defesa do primado de Pedro nos apócrifos sobre Maria é compreensível na medida em que o lemos no contexto da disputa de liderança entre os primeiros cristãos. Maria era uma dessas fortes lideranças. Isso os textos não podem negar. Maria Madalena também foi outra personagem feminina de grande poder entre os discípulos. Ambas foram subestimadas nos evangelhos canônicos. Maria não foi somente a intercessora, como quiseram os canônicos, mas discípula e apóstola de seu Filho, Jesus, a quem ela amou com amor de mãe e sofreu sem perder a fé. Como toda mãe, Maria chora diante de seu filho morto na cruz. Maria era uma mulher judia, preocupada com os afazeres domésticos e piedosa. As mulheres não tinham o direito de estudar a Torá, mas Maria desafiou esse costume, porque era uma liderança nata. Nos apócrifos, Maria não deixou de ser mulher para ser a mãe de Jesus.

4. *A integração do masculino e do feminino.* A presença de Maria nos evangelhos apócrifos nos ensina que o masculino e feminino devem ser integrados dentro de cada um de nós. João era o seu discípulo predileto. Com ele, Maria teve muita afinidade. Os apóstolos a chamavam de mãe, porque ela era exemplo de mulher integrada.

5. *Maria seguiu os costumes judaicos.* Casou-se com José, conforme previa a Lei (Torá), que ela tanto observava e estudava. Seguiu o marido até Belém. Seus pais eram descendentes de Davi, também o seria seu filho, Jesus. Seu nascimento foi impedido pela esterilidade da mãe, mas a bênção de Deus o possibilitou. Somente uma boa judia podia receber essas bênçãos de Deus. Além dos

costumes judaicos, a história dos pais de Maria, Joaquim e Ana, se parece com a dos casais do Primeiro Testamento: Elcana e Ana, Abraão e Sara, os quais geraram, respectivamente, a Samuel e Isaac. Assim, a história de Israel pôde continuar de modo fecundo e eficaz. O nascimento de Maria é importante para a história de Israel, assim como foi o de Jesus.

6. *O valor simbólico de fatos ocorridos na vida de Maria.* A história de Maria nos apócrifos é carregada de simbolismos, tais como:

a) Pomba, símbolo da Torá (Pentateuco), saiu da vara de José confirmando que ele devia aceitá-la em sua casa. No templo, Maria viveu como uma pomba, isto é, de forma pura. Jesus, no dia do seu batismo no Jordão, recebeu sobre sua cabeça a visita de uma pomba. Jesus, a nova Torá, é confirmado pela Torá-pomba.[3] É também a pomba o sinal do Espírito Santo de Deus.

b) Palma, também sinal da Torá e da pureza, lhe é dada por Jesus, a Torá personificada, no monte das Oliveiras.

c) Véu do templo, símbolo da pureza, só podia ser confeccionado por mulheres virgens. Maria, mesmo sendo a esposa de José, continuou virgem, por isso podia ser convidada pelos sacerdotes a confeccioná-lo. Segundo os evangelhos canônicos, o véu do templo se rasgou. Isso é sinal de que aquele que é puro como o véu foi violado pela injustiça humana.

d) Templo: lugar onde viviam os puros. Maria viveu no templo, porque era pura por excelência. E ser educada no templo era ocupar um lugar central na história da salvação.

---

[3] Cf. FARIA, Jacir de Freitas. A releitura da Torá em Jesus, *Ribla*, Petrópolis, Vozes, n. 40, 2001. Nesse artigo fizemos uma análise dos símbolos da Torá na vida de Jesus.

e) Vara: mostra a ligação de José com a história de Israel. A vara de Aarão também floresceu e ele foi escolhido por Deus (Nm 17,16-23).

f) Trombeta, usada para convocar os anciãos, era um instrumento usado para convocar o povo de Israel diante de um problema nacional.

g) Anjo, sempre presente na vida de Maria, simboliza o próprio Deus que vem ao seu encontro. Os judeus, por colocarem Deus tão distante e fora do alcance da vida, criaram a categoria *anjo* para falar dele. O anjo é Deus, mesmo que tenha um nome próprio.

h) Luz que envolve Maria e Jesus na gruta e o corpo de Maria, no dia de sua morte e assunção, é sinal de Deus.

i) Fogo que atinge Salomé é sinal da presença divina (Ex 3,1-6). A ação incrédula de Salomé, ao tocar a "natureza de Maria", foi necessária para confirmar teologicamente o fato de Jesus ser a luz para todos os povos. Salomé recebeu nas próprias mãos a luz de Deus.

j) Esterilidade: sinal de castigo e da não-bênção de Deus. Apesar da virgindade, Maria não era estéril, o que fundamenta a teologia dos primeiros cristãos, isto é, em Maria a promessa de Deus se realizou, porque havia entre eles alguém preparado para essa tarefa.

k) A morte de Maria anunciada para daí a três dias quer mostrar que, assim como Jesus, o qual depois de três dias ressuscitou, Maria também seria visitada por Deus na pessoa de seu próprio filho, Jesus. Os textos apócrifos dizem, no entanto, que Maria foi assunta ao céu somente no quarto dia.

l) As nuvens, nas quais os apóstolos são transportados até a casa de Maria, representam a presença de Deus, que mora além das nuvens.

m) O medo de Maria diante da morte ficou na memória popular na oração da ave-maria, quando diz: "rogai por nós agora e na hora da nossa morte. Amém"! Quando José morreu, Maria estava aos seus pés; talvez esta leitura tenha dado origem à piedade popular de rogar à Nossa Senhora da Boa Morte.
7. *A assunção de Maria.* Os escritos sobre Maria foram respostas aos questionamentos sobre sua vida. Eles são a expressão da fé na virgindade, assunção, santidade e liderança de Maria entre os primeiros cristãos. Não só esses escritos "não-autorizados" sobre Maria ajudaram a difundir a fé nela como mãe de Deus, mas a arte e a liturgia. Em 1950, a Igreja Católica proclamou o dogma da assunção de Maria, confirmando simplesmente um ensinamento tradicional. Viva a mãe de Deus e nossa... eternamente. A assunção de Maria só foi possível porque ela era virgem. A presença dos apóstolos no momento em que Cristo vai buscá-la no sepulcro demonstra a legitimidade da assunção. Paulo está entre os apóstolos. Ele não poderia conhecer os mistérios que se passavam com ela, pois era apenas um iniciado na vida cristã. Os apóstolos não concordam com as opiniões de Paulo, mas Jesus aparece e o acolhe, o que significa que bastava um coração como o de Paulo e de Maria para poder atingir a salvação.

6
A história de José nos evangelhos apócrifos

José aparece poucas vezes nos evangelhos canônicos. Sua atuação foi simplesmente a de acolher Maria como mãe de um filho que não era seu e fugir com eles para o Egito. José é considerado um homem justo e obediente aos planos de Deus.

Nos evangelhos apócrifos, temos detalhes interessantes e curiosos sobre a vida de José. Sua história pode ser lida dentro do ciclo de Maria e no evangelho "História de José, o carpinteiro", no qual é contada de modo humano e carinhoso por Jesus. "Tendo reunido seus apóstolos no monte das Oliveiras, Jesus contou-lhes a vida de seu pai, José, o bendito ancião carpinteiro", como ele mesmo afirmara. Vejamos, a seguir, outros dados da vida de José conservados na "História de José, o carpinteiro" e em outros textos apócrifos como: Proto-evangelho de Tiago, evangelho do Pseudo-Tomé, Natividade de Maria etc.

Origem, profissão e fatos memoráveis da vida de José

José nasceu em Belém, cidade da Judéia e terra natal do rei Davi. Era carpinteiro e vivia do trabalho de suas mãos. Para exercer sua profissão, tinha o costume de afastar-se freqüentemente de casa, com seus dois filhos. Certa vez, voltando de uma dessas saídas, encontrou Maria grávida. Aos quarenta anos de idade casara-se com uma mulher que lhe dera seis filhos, quatro homens e duas mulheres. Os homens se chamavam Judas, Josetos, Tiago e Simeão; as mulheres, Lísia e Lídia. Com sua esposa, José viveu quarenta e nove anos de matrimônio. Quando essa faleceu, Tiago era ainda uma criança muito pequena. José ficou viúvo durante um ano. Seus dois filhos maiores, Josetos e Simeão, contraíram matrimônio e foram viver em suas casas. Casaram-se, do mesmo modo, suas duas filhas. A sabedoria de José era reconhecida por todos. Era um homem justo e louvava a Deus em todos os seus atos. Por isso foi escolhido pelos sacerdotes do templo para receber Maria em sua casa. O tempo entre namoro, noivado e casamento durou três anos. Nesse ínterim, Maria ficou grávida do Espírito Santo. José, depois de muita angústia e sofrimento, compreendeu os mistérios de Deus e, por isso, casou-se com ela. Houve uma grande festa no dia do seu casamento em Belém. Quando Jesus estava para nascer, José teve de cumprir o mandato de recenseamento decretado pelo imperador Augusto. Em Belém, José apresentou seu nome ao escrivão, bem como o de Maria, sua esposa, e o de Jesus que estava para nascer. Quando Jesus nasceu, José tinha noventa e três anos de idade. Logo após o nascimento de Jesus, ele teve de fugir para o Egito com Maria, Jesus e a parteira Salomé. No Egito, permaneceu por um ano, até a morte de Herodes, o Grande. Ao retornar para Israel, José voltou a viver em Nazaré, na Galiléia. Aí, continuou a exercer a profissão de carpinteiro para sustentar a família.

Doença e morte de José

Quando José completou cento e onze anos, com o corpo já debilitado, veio um anjo anunciar-lhe que sua morte se daria naquele ano. O espírito de José ficou apreensivo. Foi a Jerusalém, entrou no templo, ajoelhou-se e rezou pedindo a Deus que o seu anjo estivesse com ele no momento em que sua alma saísse do corpo e voltasse para Deus; que essa separação fosse feita sem dor; que ele e a sua viagem fossem tranqüilos; que sua alma não fosse retida pelo porteiro do inferno.

Quando José voltou de Jerusalém, foi tomado por uma doença que o levaria à morte. Perdeu a vontade de comer e beber. Sentiu vacilar a habilidade no desempenho de seu ofício.

Em Nazaré, suas lamentações continuaram. Como o profeta Jeremias e Jó, José lamentou o dia em que foi gerado, o seio que o amamentou, sua língua, pés, mãos, estômago e corpo. E quando José estava proferindo essas palavras, Jesus entrou em seu quarto e disse-lhe: "Salve, José, meu querido pai, ancião bondoso e bendito!" José respondeu a Jesus enaltecendo-o na sua bondade. Contou como fora sua vinda ao mundo, como custara acreditar no seu nascimento virginal. Lembrou-lhe também do dia em que teve de puxar suas orelhas, como repreensão. José pediu perdão a Jesus e professou a fé nele como Filho de Deus e de homem.

Jesus, ao ouvir os lamentos de José, não se conteve e chorou. Chegou a pensar na morte de cruz que lhe estava reservada. Jesus chamou Maria, sua mãe. E ela entrou no quarto de José e se colocou a seus pés. José suplicava que eles dois não o abandonassem. Jesus tocou seu peito e a febre o abandonou. Maria, ao tocar os pés de José, percebeu que ele estava para morrer. Chamou os outros filhos para que conversassem pela última vez com ele. Lísia lembrou-lhes de que a enfermidade de José era a mesma que provocara a morte de sua mãe. Todos os filhos de José prorromperam em lágrimas.

Naquele momento, Satanás e sua corte vieram em direção a José em busca de sua alma. Jesus, e somente ele, vendo-os, os expulsou daquele lugar. Eles se puseram em fuga, envergonhados e confusos. Jesus, então, rezou a Deus pedindo que enviasse um coro de anjos com os anjos Miguel e Gabriel para acompanhar a alma de José até o paraíso. Jesus também pediu a Deus misericórdia para o seu pai.

Quando José deu o último suspiro, Jesus o beijou. Os anjos tomaram seu corpo e o envolveram em lençóis de seda. Jesus fechou os olhos e a boca de José. Depois disse à sua mãe: "Ó Maria, minha mãe, onde estão os trabalhos de artesanato que ele fez desde a sua infância até agora? Todos eles acabaram neste momento, como se ele nunca tivesse sequer vindo a este mundo". Quando os filhos de José ouviram Jesus dizer isso a Maria, perguntaram: "Então nosso pai morreu sem que nós o percebêssemos?" Jesus lhes respondeu: "Sim, na verdade está morto; mas sua morte não é morte, e sim vida eterna". E quando Jesus disse a seus irmãos que José tinha morrido, estes se levantaram, rasgaram suas vestes e choraram por longo tempo.

Quando os habitantes de Nazaré e toda a Galiléia tiveram notícia da morte de José, acorreram todos em massa a sua casa. Ali ficaram velando o corpo até as três horas da tarde. Nessa hora, Jesus despediu a todos, derramou água sobre o corpo de José, ungiu-o com bálsamo e rezou por ele a Deus – uma oração que ele mesmo tinha escrito antes de encarnar-se no seio de Maria. Quando Jesus disse "Amém" veio uma multidão de anjos. Jesus ordenou a dois deles que estendessem um manto para nele depositar o corpo de José e amortalhá-lo.

Jesus colocou suas mãos sobre o corpo de José e disse:

Que o odor fétido da morte não se apodere de ti. Teus ouvidos não sofram corrupção. Não emane podridão de teu corpo. Que a terra não destrua tua mortalha nem tua carne, mas permaneçam intactas e aderentes a teu corpo até o dia dos mil anos. Não envelheçam, ó querido pai, estes cabelos que tantas vezes acariciei com minhas mãos. E a felicidade esteja contigo. Aquele que tiver o cuidado de levar uma oferenda a teu santuário no dia de tua comemoração, isto é, no dia 26 de Epep, eu o abençoarei com a riqueza de dons celestes. Do mesmo modo, a todo aquele que em teu nome der pão a um pobre, não permitirei que ele seja angustiado pela necessidade de qualquer bem deste mundo durante todos os dias de sua vida. Eu te concederei que possas convidar para o banquete dos mil anos a todos aqueles que, no dia de tua comemoração, entregarem um copo de vinho na mão de um forasteiro, de uma viúva ou de um órfão. Dar-te-ei como recompensa, enquanto viverem neste mundo, todos os que se dedicarem a escrever livro de tua vida e a conservar todas as palavras que hoje saíram de minha boca. E quando abandonarem este mundo, farei que desapareça o livro em que estão escritos seus pecados e que sofram tormento algum, a não ser a morte, que é inevitável, e o rio de fogo que está diante de meu Pai, para purificar todas as almas. No caso de um pobre que nada possa fazer do que foi dito, mas der o nome de José a um de seus filhos em tua honra, farei com que naquela casa não entre a fome nem a peste, pois, na verdade, teu nome ali habita.

Depois da oração de Jesus, chegaram os anciãos da cidade e os coveiros para preparar o corpo de José para o enterro. Encontraram-no já amortalhado e perfumado pelos anjos. Eles levaram, então, José até o túmulo. Ali Jesus não se conteve e chorou longamente sobre o corpo de José.

Tudo isso aconteceu numa manhã de domingo, no dia 26 do mês de Abib. José morreu com cento e onze anos. Jesus terminou a história de José, seu pai, dizendo o seguinte: "Entreguei a Miguel e Gabriel a alma de meu querido pai, José, para que a guardassem dos salteadores que infestam os caminhos e encarreguei os anjos incorpóreos de cantar louvores contínuos, até que a transportassem ao céu, junto de meu Pai".

A história de José confirma a devoção popular a esse homem que soube acolher a mistério da encarnação de Deus na vida de Maria.

José passou à história como um homem idoso, justo, piedoso e providente. A sua idade avançada, cento e onze anos, é sinal de sabedoria acumulada e também um modo encontrado para justificar a virgindade de Maria.

Jesus, ao contar a história de seu pai aos seus discípulos, revelou-se humano, divino e bom filho, que não traiu os ensinamentos judaicos de reverência e cuidado para com os pais idosos, transmissores da aliança e pobres que necessitam de amparo (Dt 5,16).

7
A infância de Jesus nos apócrifos

A infância de Jesus nos apócrifos é repleta de façanhas pueris e também de histórias incríveis, as quais merecem a nossa consideração. Já vimos como foi o nascimento de Jesus e sua relação com Maria e José. Vejamos, agora, algumas histórias desse menino prodígio, narradas no Evangelho do Pseudo-Tomé, Evangelho Armênio da Infância, evangelho da Infância do Salvador, Evangelho do Pseudo-Mateus, Evangelho Árabe da Infância, entre outros.

Jesus menino brinca com outras crianças

Certa vez, Jesus, aos cinco anos de idade, num dia de sábado, estava brincado em uma correnteza de água, depois da chuva. Ele represava as águas e as dominava com a sua palavra. Tomando uma pasta com barro, modelou doze passarinhos. Um certo judeu, vendo-o fazer aquilo em dia de sábado, saiu correndo e contou o fato a José, que veio e repreendeu-o. Jesus, olhando para os passarinhos, bateu palmas e disse-lhes: "Ide!" Abrindo as asas, os passarinhos voaram, gorjeando.

Estava brincando com Jesus o filho do escriba Anás. Este, tomando uma vara, desmanchou a represa que Jesus tinha feito. Vendo aquilo, Jesus se indignou e disse-lhe: "Malvado, ímpio, insensato! Por acaso te faziam mal as poças e a água? Agora ficarás seco como uma árvore e não produzirás nem folhas, nem raiz, nem frutos". No mesmo instante, o menino ficou completamente seco. Jesus retirou-se para a casa de José. Os pais do menino seco tomaram-no e, chorando, o levaram para a casa de José, a quem censuraram asperamente pelo fato de seu filho fazer tais coisas.

Um dia Jesus estava brincando com Lázaro e outros meninos dentro de um quarto de uma casa. Era um final de tarde. Um raio de sol entrava dentro do quarto. Jesus perguntou aos outros meninos se algum deles seria capaz de abraçar o raio de sol e subir por ele. Todos ficaram calados e Jesus abraçou o raio e subiu por ele até a janela. Alguns tentaram fazer o mesmo, mas não conseguiram.

Os malfeitos de Jesus eram tantos, que muitos pais proibiram seus filhos de brincar com ele. Um deles chegou a prender seu filho em um quarto para que ele não se encontrasse com Jesus. Jesus ficou sabendo disso, foi até o quarto e pediu ao menino que colocasse a mão fora da pequena janela. E Jesus o tirou por aquele buraco. Os dois brincaram e depois Jesus o recolocou no quarto pelo mesmo buraco.

Jesus menino pune de morte

Jesus estava caminhando em um povoado, quando um menino, que vinha correndo, esbarrou nele pelas costas. Jesus ficou irritado e lhe disse: "Não continuarás o teu caminho". O menino caiu morto ali mesmo. Os transeuntes que presenciaram a cena ficaram estupefatos. Os pais do morto censuram a José dizendo: "Desde que tens um filho assim, não podes viver conosco no povoado, a não ser que o ensines a abençoar, e não a amaldiçoar. Ele causa a morte de nossos filhos". José se irritou com Jesus, o repreendeu com palavras e um puxão de orelhas. Jesus se aborreceu com José, mas o perdoou por não saber quem ele era, de fato. No entanto, aqueles que o acusaram, Jesus os castigou com a cegueira.

Quando Jesus tinha cinco anos, estava brincando na enxurrada, represando as águas. Um menino desmanchou com uma vara a sua represa e Jesus o xingou, chamando-o de Satanás. E o menino caiu morto no mesmo momento. A população foi falar com

José e ele disse a Maria para resolver a situação. Maria conversou com Jesus. Para não maltratar a mãe, Jesus foi à casa do morto e beliscou a sua nádega, dizendo: "Levanta-te, filho da iniqüidade, não és digno de entrar no descanso de meu Pai por ter desmanchado o que eu tinha feito". O morto se levantou e Jesus saiu do lugar sem dar outras explicações.

Certa vez, José pediu a Tiago que fosse à horta apanhar um molho de couve para o almoço. Jesus foi com Tiago. Chegando lá, começou a observar um ninho de passarinho. Quando Tiago estava apanhando a couve, uma serpente picou sua mão. O menino gritou e caiu desmaiado. Jesus ouviu o grito, viu a serpente, compreendeu o que tinha ocorrido e disse à serpente: "Volta e chupa de novo o veneno que você colocou no meu irmão". A serpente se arrastou perto de Tiago e chupou o veneno. Jesus a amaldiçoou e ela se arrebentou. Jesus soprou nas mãos de Tiago e ele voltou a ficar como antes.

Jesus vai à escola

O primeiro professor de Jesus se chamava Zaqueu. Este tinha presenciado o diálogo sábio de Jesus com José. Zaqueu, então, sugeriu a José que o matriculasse em sua escola para que ele pudesse aprender as letras e os bons costumes. José não gostou da sugestão, mas acabou levando Jesus para a escola de Zaqueu. Antes, porém, Jesus fez um grande discurso desafiando o mestre Zaqueu. Dizia: "Eu sou, na realidade, teu professor, embora tu sejas chamado de meu mestre. Conheço a tua idade, sei exatamente quanto durará a tua vida. Quando vires a cruz que meu pai mencionou, então acreditarás que tudo o que eu disse é verdade".

No primeiro dia de aula, o mestre ensinava e Jesus permanecia calado o tempo todo. Zaqueu irritou-se e bateu-lhe na cabeça. Jesus, irritado, disse ao professor que quem tinha o poder de ensinar era ele, Jesus. Desafiou o mestre dando uma verdadeira aula sobre as letras. O professor, surpreso pela erudição de Jesus, disse: "Ai de mim! Não sei o que fazer. Eu mesmo procurei a confusão para mim ao trazer para cá este menino. Toma-o, pois, eu te rogo, irmão José. Não posso suportar a agudeza de seu olhar, nem chego a entender suas explanações. Este menino não nasceu na terra; pode dominar o próprio fogo. Talvez tenha nascido antes da criação do mundo... Não posso acompanhar o vôo da sua inteligência. Queria um aluno e encontrei um mestre. Fui vencido por um menino. José, leve-o para a casa". Jesus voltou para casa.

O segundo professor de Jesus se chamava José. Visto que Jesus crescia analfabeto, José quis, de novo, colocá-lo na escola. O professor já conhecia a fama de Jesus, mas mesmo assim aceitou educá-lo. Na sala de aula, Jesus também o desafiou. Este, irritado, bateu na cabeça de Jesus. Quando sentiu a dor, Jesus o amaldiçoou. No mesmo instante, o mestre desmaiou (morreu) e caiu de bruços ao chão. Jesus voltou para casa e José o prendeu aí, com medo de que ele matasse mais pessoas.

Um terceiro professor, amigo de José, propôs-se a educar Jesus. José deixou que ele o levasse. Na sala de aula, Jesus entrou com desenvoltura e começou a ensinar de acordo com um livro que encontrou sobre a mesa. Uma multidão se ajuntou no lugar. José ficou sabendo do ocorrido e foi à escola, pensando que Jesus também tivesse feito mal ao professor. Quando José chegou, o professor elogiou a sabedoria de Jesus e pediu que o levasse de volta para casa. Jesus, ao ouvir aquelas palavras sábias, curou o mestre anterior, aquele que tinha caído desmaiado. José, então, tomou Jesus e o levou para casa.

Quando Jesus tinha doze anos, foi com seus pais a Jerusalém para participar das festas da Páscoa. Terminadas as festas, José e Maria voltaram para casa, pensando que Jesus estivesse com eles. No entanto, ele tinha voltado para Jerusalém. No templo, ele foi encontrado depois de três dias, discutindo com os doutores da Lei. Quando Maria viu Jesus, os escribas e fariseus lhe disseram: "És, porventura, a mãe deste menino?" Ela respondeu: "Sim". E eles prosseguiram: "Feliz és tu entre as mulheres, já que o Senhor se dignou abençoar o fruto do teu ventre. Glória, virtude e sabedoria iguais às dele não vimos jamais, nem de coisa semelhante ouvimos falar". Jesus levantou-se e acompanhou sua mãe. Ele era obediente a seus pais.

Jesus menino ressuscita

Certa feita, Jesus estava brincando no terraço de uma casa. Um dos meninos, chamado Zenão, que estava brincando com ele caiu do alto e morreu. Os outros meninos, apavorados, correram e deixaram Jesus só. Os pais do morto chegaram e colocaram a culpa em Jesus. Este lhes respondeu que não tinha empurrado o menino; mesmo assim, os pais o maltrataram. Jesus, então, deu um salto lá de cima e caiu junto ao cadáver e gritou em voz alta: "Zenão, levanta-te e responda-me: fui eu que te atirei lá de cima?" O morto se levantou e respondeu: "Não, senhor. Tu não me atiraste, mas me ressuscitaste". Os presentes se maravilhavam diante do ocorrido. Os pais do menino adoraram a Jesus.

Pouco dias depois, um jovem estava cortando lenha com um machado que desprendeu de suas mãos e cortou-lhe os pés. A hemorragia foi grande, a ponto de ele já estar morrendo. Muitos curiosos reuniram-se no lugar. Jesus também foi. Vendo a situação, Jesus apertou com as mãos o pé dilacerado do jovem e ele foi curado. Levantou-se e continuou a cortar lenha. Todos se maravilharam e disseram: "O Espírito de Deus habita neste menino".

Perto da casa de José, um menino ficou doente e faleceu. Sua mãe chorava amargamente. Quando Jesus ouviu falar do seu sofrimento, foi até a casa do menino e o ressuscitou. E disse à mãe: "Toma-o, dá-lhe leite e lembra-te de mim". Todos se admiraram com o fato ocorrido. E Jesus saiu e foi brincar com outras crianças.

Mais tarde, Jesus ressuscitou também um homem que jazia morto no chão.

Quando Jesus estava voltando com seus pais do Egito, passando por Moab, aí eles se estabeleceram. Um certo dia, Jesus estava no terraço de uma casa brincando com alguns meninos. Um deles subiu no muro do terraço para descansar, passou mal e caiu lá de cima, bateu com a cabeça no chão e morreu. Na hora da queda, esse menino, de nome Abías, deu um forte grito. A população se reuniu. Os pais perguntaram pelo responsável pelo ato. Todos responderam que não sabiam. Os meninos foram levados ao escriba local, mesmo assim eles continuaram a dizer que não sabiam quem tinha feito tal ato. Algum tempo depois, decidiram culpar Jesus, por ser novo no local e estrangeiro. O tribunal foi reunido e eles acusaram Jesus como culpado. Jesus foi procurado na casa de José e levado ao tribunal. Jesus não aceitou a acusação e pediu testemunhas. As crianças, em uníssono, gritaram que Jesus era culpado e malvado. Jesus, então, disse ao juiz que provaria sua inocência. Ele foi até onde estava o morto, gritou para que abrisse os olhos e contasse a verdade dos fatos. O menino ressuscitou, reconheceu os presentes e falou tudo o que ocorrera, que tinha passado mal e caído do terraço. O menino ficou três horas vivo. E Jesus lhe disse para voltar ao sono da morte. E o menino morreu de novo. Os pais do menino e o juiz se ajoelharam aos pés de Jesus, implorando que devolvesse a vida ao menino. Jesus não aceitou a proposta. O menino continuou morto e Jesus foi embora do lugar, seguindo com a família para Nazaré.

Jesus menino faz milagres

Maria pediu a Jesus que fosse com a jarra buscar água na fonte. No percurso, Jesus esbarrou em alguém e o jarro quebrou. Jesus, então, levou água no manto. Chegando em casa, Maria, admirada, pôs-se a beijar seus pés.

Certa feita, Jesus foi com José semear trigo em seu campo. Enquanto José espalhava a semente, também Jesus semeou um grão. No tempo da colheita, Jesus colheu 38 mil quilos. Chamou os pobres do lugar e repartiu com eles a colheita. José levou o restante para casa.

Uma pessoa rica pediu a José que lhe fizesse uma cama. Aconteceu, porém, que um dos varais era mais curto do que o outro. José não sabia o que fazer. Jesus lhe disse para colocar as peças no chão e igualá-las de um lado. Assim o fez José. Jesus, então, pegou a vara mais curta e a esticou até ficar do tamanho da outra. José se encheu de admiração, beijou os pés de Jesus e agradeceu a Deus por ter-lhe dado o menino.

Noutra ocasião, José pediu a Tiago, seu filho caçula, que fosse buscar lenha. Jesus foi com ele. Enquanto recolhia a lenha, uma serpente picou a mão de Tiago. Este estava já para morrer. Jesus se aproximou e soprou a ferida. A dor desapareceu logo em seguida. A serpente arrebentou-se e Tiago recobrou a saúde.

Em Galaad, enquanto brincava com uns meninos perto de um rio, Jesus transformou a água em sangue.

Numa cidade, também nas terras de Galaad, Jesus curou uma criança que estivera perdida no campo e encontrava-se morta de sede e insolação.

Entrando na casa de um tintureiro, chamado Salém, Jesus misturou os tecidos em recipiente com tinta azul. Este chegou e brigou com Jesus. Ele, então, tirou do recipiente os tecidos, cada um com a cor que o tintureiro queria.

A história da infância de Jesus nos apócrifos é, com certeza, um tema polêmico. É bem verdade que todas estas narrativas são exageros que a piedade popular criou em torno de Jesus criança, fazendo dele um herói. Jesus jamais teria usado seu poder de filho de Deus para matar. No entanto, podemos crer que as comunidade quiseram com isso ressaltar o poder de Jesus desde a sua tenra idade.

Conclusão

1. Os Padres da Igreja eram cientes dos valores teológicos dos gnósticos. Clemente de Alexandria afirmou que é dom de Deus compreender os evangelhos apócrifos.
2. Os gnósticos recusavam-se a reconhecer Pedro como chefe da Igreja. Eles não queriam fazer parte da hierarquia eclesiástica porque esta estava ligada a interesses políticos. O gnosticismo, nos seus três séculos de existência, iluminou todo o mediterrâneo da época. Por ser uma religião reservada aos eleitos, foi combatida pelos Padres da Igreja.
3. Os evangelhos canônicos são ainda pouco compreendidos pelas nossas comunidades. Por sua beleza literária, histórica e incontestável inspiração, eles continuam como obras fidedignas de nossa fé. No entanto, os evangelhos apócrifos de Maria Madalena, Tomé e tantos outros contêm segredos da história do cristianismo que complementam as informações conservadas nos evangelhos canônicos, reforçando a nossa fé. Resgatar esses textos é nos colocar em diálogo com essas preciosidades de nossas origens, mesmo que elas tenham sido influenciadas por correntes de pensamento consideradas "heréticas". Esses outros modos de pensar revelam a riqueza e a diversidade de expressão do movimento de Jesus, o que hoje nos inspira uma atitude cristã ecumênica.
4. As parábolas conservadas pela comunidade de Tomé nos ajudam a ver Jesus mais próximo da vida do povo agricultor e explorado pelo império romano. Essa face de Jesus, também conservada pelos evangelhos canônicos,

nos fortalece na luta pela terra. As façanhas de Jesus menino devem ser lidas com carinho. Jesus com certeza era um menino travesso. Não são assim as crianças? O uso de seu poder para fazer o mal, narrado pelos apócrifos, deve ser entendido como um modo encontrado pelas comunidades para reafirmar a sua divindade. E nada mais do que isso!

5. Os apócrifos nos contam a história de Maria Madalena, mulher, discípula e apóstola de Jesus. Muito tem a contribuir esse evangelho com a leitura de gênero. O masculino e o feminino que moram dentro de cada um de nós são convocados a viver de modo integrado. Sem direito ao estudo, as mulheres, no tempo de Jesus, eram consideradas seres humanos de segunda categoria. Jesus, por isso, esteve muito próximo a elas. Maria Madalena foi uma dessas mulheres, companheira, amada, discípula do Mestre Jesus. Seu grande pecado foi o de saber demais. A interpretação errônea dos textos que a mencionam nos evangelhos canônicos fez dessa mulher uma prostituta, o que representou historicamente uma subestimação do valor da mulher como liderança apostólica. Bem entendido, o relacionamento amoroso de Jesus e Maria Madalena nos ajuda a nos libertar das amarras teológicas e culturais que nos impedem de assumir o nosso corpo. Como nos ensinou o evangelho de Maria Madalena, tornemo-nos seres humanos na sua inteireza, masculino e feminino integrados. Assim é Jesus no testemunho da comunidade de Maria Madalena: humano, próximo e livre para amar sem distinção. Maria Madalena entende que não é preciso reter Jesus fisicamente, porque ele já mora dentro dela. Ela está preparada para

anunciar os ensinamentos do Mestre. "Ide e anunciai o evangelho de Maria Madalena!"

6. Maria, mãe de Jesus, nos apócrifos, é qual uma outra Maria Madalena: discípula, mestra e apóstola. Ela vai ao túmulo à procura de seu filho e recebe dele o encargo de anunciar aos discípulos que eles o veriam na Galiléia. Maria reúne os apóstolos. Ela é a mãe que permaneceu virgem para sempre. Sua pureza a colocou mais perto de Deus. Não importa se os evangelhos canônicos afirmam que Maria Madalena foi ao túmulo e conversou com Jesus. Ambas são Marias, uma "guardiã da fé" e a outra "a mãe do Salvador".

7. Os evangelhos canônicos são coletâneas da sabedoria popular acumulada, seja ela fantasiosa ou não. Ela foi ouvida, transmitida e escrita por uma pessoa ou comunidade. É claro que os apócrifos têm histórias que não poderiam corresponder à exatidão dos fatos. Mas não são esses os vários modos de escutar a Única Palavra, Jesus-Torá, que se encarnou no meio de nós? Claro que sim. E viva a diversidade! Ademais, a história sobre Jesus nos evangelhos canônicos não é a história toda. Muita coisa ficou de fora. Por isso, em tempos de diálogo, quanto mais confiamos no potencial do saber popular, proporcionando-lhe informações seguras, mais contribuímos para o seu discernimento e amadurecimento na fé e conseqüente libertação. As nossas comunidades, devidamente preparadas, devem ter acesso a esses textos, testemunhos de fé de nossos pais e mães da fé. A origem apócrifa do cristianismo é um caminho novo que se abre. Novas luzes estão por vir.

Bibliografia básica para o estudo dos apócrifos

BLOOM, H; MEYER, Marvin. *O evangelho de Tomé*. As sentenças ocultas de Jesus. Rio de Janeiro, Imago, 1993.

_____. *The complete Gospels*. Everything you need to empower your own search for the historical Jesus. Sonoma, Polebridge, 1994.

CROSSAN, Jean Dominique. *O Jesus histórico*. A vida de um camponês judeu do mediterrâneo. Rio de Janeiro, Imago, 1994.

_____. *Jesus*. Uma bibliografia revolucionária. Rio de Janeiro, Imago, 1995.

FARIA, Jacir de Freitas. Apócrifos: o que revelam esses livros secretos. *Jornal de Opinião*, Belo Horizonte, 8-14 out. 2001, n. 645, pp. 4-6.

_____. A outra Bíblia que a tradição cunhou de apócrifa. *Jornal de Opinião*, Belo Horizonte, 8-14 out. 2001, n. 645, p. 7.

_____. Maria Madalena, a mulher que Jesus tanto amou. *Convergência,* out. 2001, n. 346, pp. 511-516.

_____. Segredos de história e fé. *Estado de Minas*, Belo Horizonte, 2 fev. 2002, Pensar, n. 22.033, p. 5.

_____. *O outro Pedro e a outra Maria Madalena segundo os apócrifos*. Uma leitura de gênero. Petrópolis, Vozes, 2004.

_____. A verdade dos evangelhos apócrifos. *Magazine*, Divinópolis, 9 fev. 2002, Cultura, n. 110, p. 4.

_____. O Evangelho de Maria Madalena. *Jornal de Opinião*, Belo Horizonte, 8-14 abr. 2002, n. 671, p. 12.

FARIA, Jacir de Freitas. E seu nome era Míriam de Mágdala. *Jornal de Opinião*, Belo Horizonte, 22-28 abr. 2002, n. 673, p. 12.

_____. Maria Madalena: paixão e ressurreição. *Jornal de Opinião*, Belo Horizonte, 29 abr.-5 maio 2002, n. 674, p. 6.

_____. Maria Madalena não era prostituta. *Jornal de Opinião*, Belo Horizonte, 6-12 maio 2002, n. 675, p. 6.

_____. Simbologia de Maria. Pensar, Estado de Minas, 6 julho, p. 6.

FARIA, Jacir de Freitas et alii. Barreiras rompidas! Portas Abertas! Atos dos Apóstolos 16-28 e Atos que os Atos não contam. In: *A Palavra na vida*. São Leopoldo, CEBI/MG, 2002, v. 169/170.

LAPIDE, Pinchas. *Filho de José?* Jesus no judaísmo. São Paulo, Loyola, 1993.

LELOUP, Jean-Yves. *O Evangelho de Maria*. Míriam de Mágdala. Petrópolis, Vozes, 1998.

_____. *Palavras da fonte*. Comentários sobre trechos dos Evangelhos de Maria e Tomé. Petrópolis, Vozes, 2000.

_____. *O Evangelho de Tomé*. Petrópolis, Vozes, 2001.

LIMA, Pedro Vasconcelos. E lhes falavam em parábolas. Uma introdução à literatura das parábolas. *Mosaicos da Bíblia*. São Paulo, n. 19, 1995.

MARTÍN, Santiago. *O Evangelho secreto da Virgem Maria*. São Paulo, Mercuryo/Paulus, 1999.

MORALDI, Luigi. *Evangelhos apócrifos*. São Paulo, Paulus, 1999.

NOGUEIRA, Pablo. Os evangelhos apócrifos. *Galileu*, São Paulo, Globo, n. 137, pp. 16-24, dez. 2002.

OTERO, Aurélio de Santos. *Los evangelhos apócrifos*. Madrid, BAC, 1991.

PACELS, Elaine. *Os evangelhos gnósticos*. São Paulo, Cultrix, s/d.

PIÑERO, Antônio. *O outro Jesus segundo os evangelhos apócrifos*. São Paulo, Paulus/Mercuryo, 2002. (Trad. de *El otro Jesús*; Vida de Jesús según los evangelios apócrifos. Córdoba, Ediciones El Almendro, 1993).

PIÑERO, Antônio et alii. *La hija de Pedro*. Textos gnósticos. Biblioteca de Nag Hammadi, II. Madrid, Ediciones Trotta, 1999, pp. 209-219.

_____. *Hechos de Pedro y los doce apóstoles*. Textos gnósticos. Biblioteca de Nag Hammadi, II. Madrid, Ediciones Trotta, 1999, pp. 220-239.

_____. *Carta de Pedro a Filipe*. Textos gnósticos. Biblioteca de Nag Hammadi, II. Madrid, Ediciones Trotta, 1999, pp. 241-258.

RAMOS, Lincoln. *A história do nascimento de Maria*. Proto-evangelho de Tiago. Petrópolis, Vozes, 1988.

_____. *Fragmentos dos evangelhos apócrifos*. Petrópolis, Vozes, 1989.

_____. *São José e o menino Jesus*. História de José, o carpinteiro. Evangelho do Pseudo-Tomé. Petrópolis, Vozes, 1990.

_____. *O drama de Pilatos*. Cartas entre Pilatos e Herodes. Cartas entre Pilatos e Tibério. A morte de Pilatos e outros textos. Petrópolis, Vozes, 1991.

_____. *Morte e assunção de Maria*. Trânsito de Maria. Livro do Descanso. Petrópolis, Vozes, 1991.

_____. *A paixão de Jesus nos escritos secretos*. Evangelho de Nicodemos (Atos de Pilatos). Descida de Cristo aos infernos. Declaração de José de Arimatéia. Petrópolis, Vozes, 1991.

REVISTA BÍBLICA BRASILEIRA. Apócrifos do Antigo Testamento. Fortaleza, Nova Jerusalém, nn. 1-2-3, 1999.

_____. Apócrifos do Antigo Testamento. Fortaleza, nn. 2-3, 2000.

ROST, Leonhard. *Introdução aos livros apócrifos e pseudepígrafos do Antigo Testamento e aos manuscritos de Qumran*. São Paulo, Paulus, 1980.

SEBASTIANI, Lilia. *Maria Madalena: de personagem do Evangelho a pecadora redimida*. Petrópolis, Vozes, 1995.

TRICCA, Maria Helena de Oliveira; BÁRANY, Julia. *Apócrifos: os poscritos da Bíblia*. São Paulo, Mercuryo, v. I, II, III e IV.

Internet: <http://www.bibliaeapocrifos.uaivip.com.br>.

Sumário

Apresentação 5

1. ABRINDO AS PORTAS DAS ORIGENS 9
   Cristianismo ou cristianismos de origem? 9
   Movimentos considerados heréticos 13
   O significado do substantivo "apócrifo" 16
   Os livros apócrifos do Segundo Testamento 18
   A datação dos apócrifos do Segundo Testamento 20

2. A LITERATURA APÓCRIFA E SEU VALOR
   PARA A CIÊNCIA BÍBLICA 21
   O que motivou o surgimento dos apócrifos? 21
   A legitimidade e a importância dos apócrifos 22
   Os apócrifos, os manuscritos de Qumran e o rabinismo 23
   Os apócrifos e os evangelhos canônicos na pesquisa
     bíblica atual 25

3. O EVANGELHO DE MARIA MADALENA 29
   E o seu nome era Míriam de Mágdala 29
   Maria Madalena não era prostituta 31
   As vozes da tradição sobre Maria Madalena 32
   O evangelho de Maria Madalena começa com Jo 20,1-18 35
   E a comunidade de João se inspirou em Ct 3,1-5 36
   O valor simbólico de Ct 3,1-5 e Jo 20,1-18 na perspectiva
     do amor entre Maria Madalena e Jesus 37
   O evangelho de Maria Madalena passo a passo 41

MM 7,1-10: a matéria e suas origens espirituais 42
MM 7,11-28: o pecado não existe 45
MM 8,1-10: "Estejais em harmonia" 49
MM 8,11-24: quem caminha é um bem-aventurado, um ser de paz 51
MM 9,1-20: o "beijo" e o "sejamos plenamente humanos" de Maria Madalena 54
MM 10,1-25: "onde está o nous aí está o tesouro" 57
MM 15,1-25;16,1-19: o diálogo da alma iluminada de Maria Madalena com os climas 62
MM 17,1-20: a preferida do Mestre volta para o tempo de Deus 66
MM 18,1-21: "Meu irmão Pedro, que é que tu tens na cabeça?" 70
MM 19,1-3: "Eles se puseram a caminho para anunciar o evangelho segundo Maria Madalena" 71

4. O EVANGELHO DE TOMÉ 73

Texto 73
Datação e autoria 90
Gênero literário e conteúdo 92
Personagens 93
A relação entre o evangelho de Tomé e o de João 94
Tomé 1 e Jo 5,24; 8,51-52: quem compreender as palavras de Jesus não morrerá 97
Tomé 24 e Jo 1,9-10; 9,5; 12,35-36: eu sou a luz que ilumina o mundo inteiro 98
A não-dualidade como condição para entrar no Reino segundo o evangelho de Tomé 100
O Reino do Pai é semelhante a um homem que quer matar uma pessoa poderosa 101
A relação entre o evangelho de Tomé e os sinóticos 102
O casamento entre parábola e alegoria nos evangelhos sinóticos 103

O que é uma parábola? 103
O que é uma alegoria? 104
A alegoria é uma deturpação da parábola? 105
A parábola do semeador em Tomé e Marcos 106
A parábola dos vinhateiros em Tomé, Marcos,
    Mateus e Lucas 108
A parábola da semente de mostarda 113
A parábola do fermento 115
A parábola do joio 117
O que podemos concluir do estudo comparado
    das parábolas em Tomé e nos sinóticos? 119
Assim como o evangelho de João, o de Tomé termina
    falando de Maria Madalena 120

5. A OUTRA MARIA, MÃE DE JESUS, SEGUNDO OS APÓCRIFOS 123

A história dos pais de Maria 124
A infância de Maria: pureza e consagração no templo
    de Jerusalém 125
Maria deixa o templo: primeira menstruação
    e o acolhimento de José 126
Maria em Nazaré: concepção e denúncia ao tribunal 127
Maria a caminho de Belém: parto virginal
    e perseguição romana 129
Entre Belém, Egito e Nazaré: medo, reverência
    e morte de José 131
A experiência da morte de seu filho, Jesus: choro,
    visita ao túmulo e missão 131
Dois anos depois: o anúncio de sua morte, o livro
    e a palma 134
O dia em que Maria morreu 138
Durante a procissão do enterro de Maria:
    incredulidade, mão seca e profissão de fé 139

Maria no túmulo: assunção e discussão entre os apóstolos
sobre os mistérios revelados no monte das Oliveiras 141
O que os evangelhos apócrifos nos revelam sobre Maria? .. 143

6. A HISTÓRIA DE JOSÉ NOS EVANGELHOS APÓCRIFOS 151
Origem, profissão e fatos memoráveis da vida de José 151
Doença e morte de José 152

7. A INFÂNCIA DE JESUS NOS APÓCRIFOS 157
Jesus menino brinca com outras crianças 157
Jesus menino pune de morte 158
Jesus vai à escola 159
Jesus menino ressuscita 161
Jesus menino faz milagres 162

Conclusão 165

Bibliografia básica para o estudo dos apócrifos 169